Schreinern

Christian Pessey

Schreinern

In Zusammenarbeit mit Anne Laurence
und Michel Beauvais

Bechtermünz

Genehmigte Lizenzausgabe für Weltbild Verlag
GmbH, Augsburg 2000
Copyright © der Originalausgabe 1988 by
Compagnie Internationale du Livre (CIL), Paris
Copyright © der deutschen Ausgabe 1992 by
Verlag D. W. Callwey, GmbH & Co., München
Die Originalausgabe erschien 1988 unter dem
Titel *Menuiserie* im Verlag CIL
Übersetzung aus dem Französischen:
Cornelia Berg-Brandl
Umschlaggestaltung: Georg Lehmacher,
Friedberg (Bayern)
Umschlagmotiv: Mauritius, Mittenwald
Gestamtherstellung: Offizin Andersen Nexö –
ein Betrieb der INTERDRUCK Graphischer
Großbetrieb GmbH
Printed in Germany
ISBN 3-8289-2371-2

Alle Anleitungen wurden
sorgfältig erprobt – eine
Haftung kann dennoch
nicht übernommen werden.

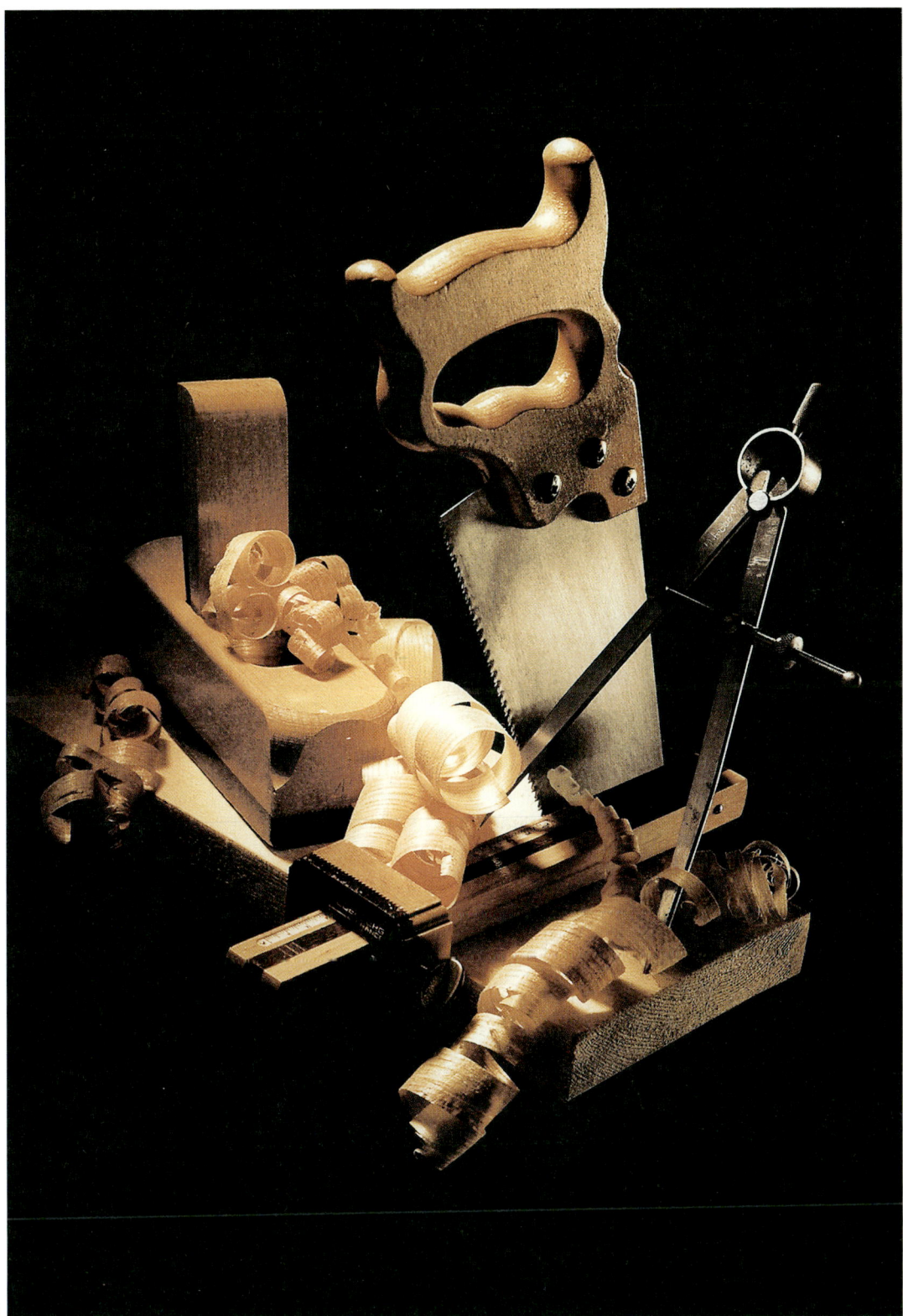

Inhalt

2

Holz

Man sagt, Holz sei ein edler Werkstoff,
man sagt aber auch, es sei teuer.
Schreiner bearbeiten ein natürliches,
seiner physikalischen Eigenschaften und
seiner Schönheit wegen
außergewöhnliches Material: Kunstwerke
aus Holz, die älter als ein Jahrtausend
sind, bezeugen es!

Eigenschaften

Es sollte zunächst einmal festgehalten werden, daß die Designer modernster Möbel auch weiterhin Holz für ihre sehr kostbaren Ausführungen verwenden, weil nichts dieses Material ersetzen könnte. Die relativ hohen Kosten für Massivholz erklären sich schnell, wenn man alle Schritte überdenkt, die für seine Produktion notwendig sind: Anbau (forstwirtschaftliche Nutzung) über Jahrzehnte hinweg, Auswahl der Stämme, Fällen, Entasten, Abfahren (Transport der Stämme bis zum Lagerplatz), Entrinden, Behauen (Vorbereitung zum Sägen), Verschnitt, Trocknung, Abrichten und Hobeln. Am Ende erhält man, rein theoretisch, einen Qualitätswerkstoff, der für den Schreiner, der ihn verwenden wird, einem Gütesiegel gleichkommt. Man muß es dennoch verstehen, ein Stück Holz zu untersuchen, um eventuelle Mängel zu entdecken. Holz wird entweder im Sägewerk gekauft, wenn der Schreiner gewisse Vorarbeiten machen kann, wie Abrichten, Sägen und Hobeln von großen Stücken, oder bei einem Zwischenhändler. In diesem Fall sind die Stücke fertig vorbereitet, als Bretter, Bohlen, Sparren, Vierkanthölzer, Leisten, Latten usw. Holzfachleute verwenden gewisse Charakteristika, um die verschiedenen Hölzer zu klassifizieren. Man muß diese Klassifizierung kennen, wenn man mit Sachkenntnis einkaufen möchte. Außerdem muß man es verstehen, die Mängel eines Holzes zu erkennen, die sich aus der natürlichen Beschaffenheit des

Baumes ergeben, oder aber aus der Behandlung, die ihm im Verlauf der Vorarbeiten zuteil wurde. Das beinhaltet die Kenntnis eines Grundvokabulars, das den Holzfachleuten geläufig ist.

Die Eigenschaften des Holzes. Ein Stück Holz zeichnet sich durch gewisse physikalische Eigenschaften aus, die zum einen abhängig sind von der Art (botanische Spezies des Baumes), zum andern aber auch von gewissen sekundären Faktoren: Alter und Lebensbedingungen, Klima, Boden, Teil des Stammes, von dem das Stück stammt. So kann man bei bestimmten Arten feststellen, daß das Holz, das in den ersten Jahren entstanden ist, sich in seiner Struktur von dem später entstandenen unterscheidet. Ebenso lassen sich Unterschiede erkennen zwischen Holz, das aus der Wurzel oder aus dem Stamm kommt, oder zwischen dem des Stammes und dem der Äste (dies ganz besonders bei den Nadelbäumen). Die physikalischen und mechanischen Eigenschaften der Hölzer sind durch Normen sehr genau festgelegt. Sie beziehen sich auf Feuchtigkeit, Elastizität, Dichte, elektrische Leitfähigkeit (physikalische Eigenschaften) und Härte, Spaltbarkeit, Reißfestigkeit, Druckfestigkeit, statische Biegefestigkeit und Stoßfestigkeit. In der Praxis unterscheidet man im wesentlichen zwei große Kategorien von Holz: Hartholz und Weichholz. Jede Sorte wird auf diese Weise klassifiziert: Eiche ist ein hartes Holz, Erle oder Tanne sind weiche Hölzer. Man muß aber außerdem wissen, daß das Holz derselben Sorte auf diesem Gebiet unterschiedlich sein kann: die Härte hängt tatsächlich von den Wachstumskonditionen ab. Der Abstand der Jahresringe eines Baumes, im Querschnitt deutlich erkennbar, entspricht der Wachstumsdicke eines Baumes während einer Vegetationsperiode. Ganz allgemein kann man feststellen, daß bei breiten Wachstumsringen das Holz härter, fester und schwieriger zu behandeln ist. Wenn sie dagegen sehr dünn sind, ist das Holz weich, leicht, wenig fest, aber leicht zu bearbeiten. Die Unterschiede können von einem Stamm zum nächsten deutlich spürbar sein. Diese Unterscheidung ist jedoch nicht anwendbar auf die sogenannten »homogenen« Hölzer, wie Ahorn, Birnbaum oder Pappel, bei denen die Dicke der Wachstumsringe von geringer Bedeutung ist.

Der Einfluß der Trocknung. Holz enthält stets eine gewisse Menge Wasser. Normen definieren sehr genau den für ein Schreinereiholz akzeptablen maximalen Feuchtigkeitsgehalt (»handelsüblich trockenes« Holz oder »lufttrockenes« Holz). Das traditionelle Trocknen an der Luft dauert lange. In der Regel um so länger, je edler die Sorte ist. Um diesen Prozeß zu beschleunigen, hilft man sich mit künstlichem Trocknen in einem abgeschlossenen Raum durch kontrollierte Zirkulation von Heißluft. Es kommt allerdings vor, daß die Trocknung zu schnell oder nicht angemessen vorgenommen wird. In diesem Fall werden die Stücke, die man nach dem Sägen erhält, einen schwerwiegenden Mangel bezüglich ihrer Größe aufweisen. Sie werden sich infolge einer ungleichmäßigen Schrumpfung der Fasern verziehen (Werfen oder Krümmen). Es gibt einen sehr einfachen Test, um den Trockenheitsgrad eines Holzstücks zu überprüfen: den der Jodtinktur. Schlecht getrocknetes Holz enthält Stärke, die bei Kontakt mit diesem Mittel blau wird. Für eine Überprüfung verteilt man also etwas Jodtinktur auf das Stück und kontrolliert die Färbung.

Ebenso kann man Holz, das unter schlechten Bedingungen getrocknet wurde, am Vorhandensein von gewissen Unregelmäßigkeiten an der Oberfläche erkennen: Trockenrisse, die im allgemeinen strahlenförmig verlaufen.

Arten

Die holzartigen Pflanzen, die Holz produzieren, sind in der Natur sehr zahlreich vorhanden. Vergleichsweise wenige davon werden in der Schreinerei verwendet: So liefert das Abholzen des Regenwaldes nur eine geringe Menge an Nutzholz im Verhältnis zum geschlagenen Holz überhaupt. Der geographische Ursprung wird stets in der Beschreibung eines Holzes angegeben. Die Eigenschaften derselben Spezies unterscheiden sich je nach Ursprungsgebiet, bedingt durch Klima- und Bodenbeschaffenheit. Schon immer unterschied man zwischen dem inländischen oder einheimischen Holz aus europäischem Wald und den exotischen Holzarten aus Übersee. Heute spricht man etwas genauer von tropischen Hölzern, um damit die entsprechende Klimazone zu bezeichnen. Zwischen diesen zwei Holzarten gibt es hinsichtlich ihrer Beschaffenheit einen Unterschied, der in der sehr ausgeprägten winterlichen Wachstumspause der Hölzer aus Gebieten mit gemäßigtem Klima seinen Ursprung hat. Die andere große Unterscheidung bezieht sich auf die botanische Gruppe, wenn man von Laub- oder Nadelbäumen spricht. Erstere sind Dikotyledonen mit flachen, aderdurchzogenen Blättern, letztere sind Koniferen, deren Charakteristikum das Vorhandensein zahlreicher, dem Transport von Harz dienender Kanäle ist.

Vom Standpunkt des Schreiners ist jede Art durch eine bestimmte Anzahl von Merkmalen definiert, die sie für diese oder jene Verwendung bestimmen. So spricht man von der Feinheit der Poren, von der Färbung, der Gleichmäßigkeit der Faser.

Die wichtigsten einheimischen Arten. Die inländischen Hölzer sind bekannt und werden seit Jahrhunderten in der Schreinerei und Kunstschreinerei verwendet.

● **Eiche:** In ganz Europa vorkommend ist sie von hellbrauner Färbung, die mit zunehmendem Alter dunkler wird; die Faser verläuft im allgemeinen geradlinig. Ihr Holz ist hart, außer wenn das Wachstum sehr schnell war. Es läßt sich leicht sägen, hobeln, verleimen und verschrauben. Man verwendet es für Parkettböden, Möbelfurniere und Türfüllungen.

● **Buche:** Von heller Farbe, beige-rosa, ge-radfaserig; ihr Holz ist hart, feinporig und dekorativ; recht schwierig zu bearbeiten und schlecht zu polieren. Anwendung fin-det es in der Großschreinerei, bei der Her-stellung von Sitzmöbeln, Schneidbrettern, Werkzeugen und haltbaren Möbelstücken (Farbe hält darauf eher schlecht).

● **Esche:** Von perlmuttartigem Weiß, bis-weilen rosa, ist es ein geradfaseriges Holz, ebenso hart wie die Buche. Es ist beson-ders geschmeidig und kann leicht bearbei-tet werden; Eschenholz nimmt einen sehr dekorativen Glanz an. Es dient zur Herstel-lung von Schubkarren, Radfelgen, Leiter-sprossen, Werkzeuggriffen und Tennis-schlägern. Man verwendet es auch für Fur-niere (nimmt sehr gut Farbe an).

● **Nußbaum:** Von unterschiedlicher Fär-bung, ist er häufig von dunklen Streifen durchzogen. Sein Holz ist hart, aber ziem-lich leicht. Es ist leicht zu verarbeiten, kann leicht gebogen werden und nimmt einen schönen Glanz an. Es gehört zu den in der Kunstschreinerei, aber auch in der Drechs-lerei, am meisten verwendeten Holzarten. Nicht zu verwechseln mit dem »Nußbaum« aus Gabun.

● **Kastanie:** Der Eiche in ihren physikali-schen Merkmalen und ihren Eigenschaften sehr ähnlich, ist ihr Holz zudem sehr ge-schmeidig und undurchlässiger. Man ver-wendet es für Schreinerarbeiten im Außen-bereich, für die Herstellung von Eingangs-türfüllungen und strapazierfähigen Böden.

● **Pappel:** Weiß und nicht gemasert ist es ein weiches, sehr homogenes Holz (kaum sichtbare Wachstumsschichten). Man ver-wendet es für gewöhnliche Schreinerarbei-ten im Innenbereich, für die Herstellung von Kisten (ist leicht zu nageln); nicht der Feuchtigkeit aussetzen.

● **Buchsbaum:** Blaßgelb mit sehr feinen Poren, mit geraden oder ungleichmäßigen Fasern, ist es recht selten (und teuer). Es ist das Holz, das sich hervorragend für Drechslerarbeiten eignet und zur Herstel-lung von kleinen Gegenständen, von Werk-zeuggriffen.

● **Birke:** Blaßbraun, im allgemeinen gerad-faserig, das Holz läßt sich hervorragend bie-gen. Wird verwendet wie die Esche und sollte nicht im Freien benützt werden.

● **Tanne oder Nordische Kiefer:** Aufgrund ihres relativ niedrigen Preises ist es das

am weitesten verbreitete Holz. Harzhaltiges hellgelbes (bisweilen ins Braun gehende) Holz, geradfaserig, häufig gemasert. Leicht zu verarbeiten, reißt jedoch, wenn es gena-gelt wird. Kann praktisch für alles verwen-det werden: Schreinerarbeiten im Innen- und Außenbereich, Zimmermannsarbeiten, Parkette usw.

● **Oregon pine:** Brauner und auch weniger knotig als die Tanne. Anwendbar für Schrei-nerarbeiten im Innen- und Außenbereich und zur Herstellung von Täfelungen.

Die wichtigsten exotischen Hölzer. Unter den aus Afrika oder Amerika importierten Hölzern findet man einerseits äußerst deko-rative und sehr gefragte Arten (vor allem für Furniere verwendet) und andererseits eini-ge nicht so teure Hölzer, die man für ge-wöhnliche Arbeiten nimmt.

● **Mahagoni:** Man muß zwischen dem sehr schönen braun-roten bis braun-gelben Ma-hagoni aus Amerika und dem braun-oran-gen aus Afrika unterscheiden. Dieses Holz ist leicht zu verarbeiten; man verwendet diese dekorative Sorte für Furniere und Leisten.

● **Teak:** Braun-gold, gering nachdunkelnd, wohlriechend, macht Werkzeuge stumpf. Wird für Furniere und kostbare Möbel ver-wendet.

● **Sipo-Mahagoni:** Mittelhartes Holz, röt-lichgrau bis rötlichbraun, sehr feinporig; wird für Furniere und Schreinerarbeiten im Außenbereich verwendet. Bekannt aber als das Holz für den Bootsbau.

● **Sapelli-Mahagoni:** Braun-rot; dieses de-korative Holz wird oft als Ersatz für das teu-rere Mahagoni genommen; etwas gröber gemasert, wodurch es schwierig zu bear-belten ist. Wird für Schrelnerarbelten im Außenbereich und für Parkette und Möbel verwendet.

● **Iroko (Kambala, Afrikanische Eiche):** Braun-gelb, wird oft als Ersatz für Teak ge-nommen; sehr widerstandsfähig gegen Pil-ze und Insekten; ein gutes Holz für Schrei-nerarbeiten im Außen- und Innenbereich und für strapazierfähige Parkette und Möbel.

3

Aussehen

Bei den Hölzern, die in Heimwerkermärkten verkauft werden, handelt es sich um »geglättete« Hölzer, das heißt, sie sind parallel zueinander aufgereiht. Diese »geglätteten« Hölzer haben meist vier gehobelte Seiten. Vor allem die klassischen Arten findet man in dieser Form; Tannen und Kiefern unterschiedlicher Herkunft, Eiche und einige sehr verbreitete exotische Hölzer.

Rohes Schnittholz. Man versteht unter diesem Begriff alle Stücke, die man durch Sägen direkt aus dem Stamm erhalten hat. Es

ist vorteilhafter, das Holz in dieser Form zu kaufen, vorausgesetzt, man verfügt über die notwendigen Werkzeuge, um die Bearbeitung selber vorzunehmen. Wenn es sich um eine große Menge Holz handelt, muß man über ein vielfältig einsetzbares Gerät zur Holzverarbeitung verfügen. Handelt es sich nur um wenige Stücke, so kann man die Vorarbeiten mit einer Kreissäge und einem elektrischen Hobel ausführen.

Güteklassen. Es gibt verschiedene Arten von Eichenbrettern. Um sie einzuordnen, untersucht man jede Seite hinsichtlich des

4 Holzfachgeschäft; die Platten werden zurechtgesägt.

4

Faserverlaufs (gerade oder nicht) und eventueller Anomalien (Vorhandensein von Knoten, Rissen, Sprüngen oder Flecken). Je nach Faserverlauf und Anomalien gibt man den Brettern Güteklassenbezeichnungen von A/EWG bis D/EWG. Holz mit der Bezeichnung A/EWG ist ein gesundes und fehlerfreies Holz mit unbedeutenden Fehlern, die die Verarbeitung nicht beeinträchtigen. Man sucht also Holz gemäß seiner Güteklasse in Abhängigkeit von seiner Bestimmung heraus. Selbstverständlich ist es für Schreinerarbeiten, die nicht sichtbar sein werden oder die sich beispielsweise im Keller befinden werden, nicht nötig, Holz der Klasse A/EWG zu nehmen. Holz der Klasse D/EWG beinhaltet Stücke, die Knoten und Anomalien aufweisen, nicht jedoch Mängel, die eine Verarbeitung verhindern könnten. Dieses Holz kann also in vielen Fällen ohne weiteres verwendet werden. Ziehen Sie also die Güteklasse der Stücke in Betracht, wenn Sie klug und ohne unnötige Ausgaben einkaufen möchten.

Knoten und Anomalien. Knoten sind Reste von Ansatzstellen eines Astes. Man unterscheidet zwischen mehreren Knotentypen, je nach Aussehen und Zustand: es gibt runde, flache, ovale, durchgehende oder nicht durchgehende Knoten. Vom Standpunkt des Schreiners aus ist es am wichtigsten, zu wissen, ob es sich um verwachsene Knoten handelt, die fest im umgebenden Holz haften, oder um nicht verwachsene, die möglicherweise herausspringen und so das Werkstück im Wert mindern könnten.
Anomalien kommen durch die Trocknung oder durch das Schwinden des Holzes zustande; oft sind es Risse, entweder von vorn, vom Rand, am Ende oder vom Kern aus, Frostrisse, durch Frost hervorgerufen, aber auch anormale Färbungen, Harzgallen usw.

Die Maße der Stücke. Während die Größen des gehobelten und nicht gehobelten Holzes bei den Einzelhändlern variieren, sind die Bezeichnungen genormt. Entsprechend seinen Abmessungen und seinem Verwendungszweck wird Schnittholz entweder in Bretter und Bohlen oder in Kanthölzer, Balken und Dachlatten eingeteilt.
Bretter und Bohlen werden nach DIN 4071,Bl.1 in ungehobelte und nach DIN 4073,Bl.1 in gehobelte Ware geteilt.

- **Ungehobelte Bretter:**
Dicken in mm 8/10/12/15/18/22/24/28/30/35 ± 1 mm
- **Ungehobelte Bohlen:**
Dicken in mm 40/45/50/52/55 ± 1,5 mm
60/65/70/65/80/100/120 ± 2 mm
- **Gehobelte Bretter:**
Dicken in mm 8/10/13/15/19,5/21 ± 0,5 mm
25/27/32 ± 1 mm
- **Kanthölzer:** Sind nach DIN 4070 Schnitthölzer mit quadratischem oder rechteckigem Querschnitt mit Querschnittseiten von mindestens 6 und höchstens 20 cm.
Querschnittmaße: z. B. 6/6, 6/12, 6/16, 7/18, 18/18
- **Balken:** Sind nach DIN 4070 Kanthölzer, deren größte Querschnittseite mindestens 20 cm beträgt.
Querschnittmaße: z. B. 7/20, 9/24, 14/28, 16/30, 30/30
- **Dachlatten:** Sind nach DIN 4070 im allgemeinen Schnitthölzer, deren Querschnittfläche nicht größer ist als 32 cm^2 und bei denen das Seitenverhältnis der Querschnittmaße höchstens 1 : 2 beträgt.
Querschnittmaße: 24/48, 30/50, 40/60
In der Praxis ist man beim Einkaufen daran interessiert, die Größen der Stücke, ihre Regelmäßigkeit und vor allem ihr Aussehen zu prüfen. Verbogene oder gekrümmte Stücke sollte man besser nicht kaufen.

Lagerung von Holz. Wenn Sie Ihre Bretter oder Platten lagern, vergessen Sie nicht, Stapelleisten so einzufügen, daß eine Luftzirkulation möglich ist. Andernfalls bildet sich unter Umständen Feuchtigkeit zwischen den Brettern oder Platten, was eine Zunahme von Kryptogamen begünstigt. Wenn Sie das Holz mehrere Monate lang nicht verwenden, dann denken Sie daran, es von Zeit zu Zeit zu untersuchen, um einem Befall von holzfressenden Insekten vorzubeugen.

Krankheiten und Parasiten

Ein im Wald zurückgelassener Baumstamm wird schnell zur Beute von »spezialisierten« Insekten und Pilzen. Diese Parasiten greifen auch getrocknete oder verarbeitete Hölzer an. Man muß sie kennen, um einem Befall vorzubeugen, der schwerwiegende Folgen haben kann.

Pilze. Sie greifen Holz an. Es handelt sich also um einen Holzbefall, der epidemieähnlichen Charakter annehmen und eine betreffende Holzart verwüsten kann. Ansonsten ist übermäßige Feuchtigkeit für die Entwicklung der Pilze verantwortlich. Manche Holzarten sind widerstandsfähiger als andere, weshalb man sie im Außenbereich für Werkstücke verwendet, die den Unbilden der Witterung ausgesetzt sind. Pilzbefall zieht Fäulnis nach sich, die sehr schnell beängstigende Ausmaße annehmen kann. Es gibt gemäß den verschiedenen Pilzen unterschiedliche Arten der Fäulnis (faserige, wabenförmige, röhrenförmige, würfelförmige, weiche Fäulnis). Fäulnis wird als Kernfäule bezeichnet, wenn sie die Mitte des Stammes erreicht (als Weißfäule bei Laub-, als Rot- und Blaufäule bei Nadelbäumen). Das Holz wird schwammig und zerfällt unter Druck. Die Fäulnis setzt sich in

Dachstühlen fest, wenn das Holz unbehandelt ist: sie schwächt die Holzteile, und Teile der Bedachung können einstürzen. Fäulnisherde können sich auf benachbarte Teile ausbreiten. Es ist daher notwendig, Teile, die gefährdet sein könnten, vorbeugend zu behandeln und alle angegriffenen Teile systematisch auszuwechseln. Es gibt auch harmlosere Arten von Pilzbefall, die sich auf eine anormale Färbung des Materials beschränken wie Blaufärbung und Schimmel. Diese Veränderungen haben in der Regel keinen Einfluß auf die Eigenschaften des Werkstücks, stellen aber einen äußerlichen Mangel dar.

Insekten. Termiten sind wegen der spektakulären Verwüstungen, die sie an Dachstühlen und Schreinerarbeiten verursachen, wohlbekannt. Sie stellen zwar eine wirkliche Gefahr dar, die häufigsten Schäden werden aber von anderen Holzschädlingen verursacht.

● **Termiten:** Sie sind ein schrecklicher und heimtückischer Feind; sie verbreiten sich sehr schnell in den Werkstücken, ohne sich dabei je zu zeigen. Sie graben ihre Gänge, indem sie durch die Endpunkte der Balken eindringen, die im Mauerwerk verankert sind, und sie überwinden Hindernisse, indem sie regelrechte Luftkanäle bauen. Es

5   Kryptogame (Pilze) greifen Hölzer außen und innen an.
6   Die Termite ist vor allem an Bauholz interessiert.

5

6

7   Die Larve des Holzbocks durchbohrt das Holz mit feinen Gängen.
8   Wenn das Insekt den Gang verläßt, fällt Holzmehl heraus.

ist ziemlich schwierig, sie ausfindig zu machen, aber manchmal findet man den »Zement«, mit dem sie ihre Gänge überziehen (sie sondern ihn aus einer Drüse ab). Das Insekt breitet sich von einem Herd aus, der sich in der Regel draußen in der Natur befindet (ein alter befallener und zerfressener Baumstamm, von wo aus die Termiten ihren Angriff starten und durch das Mauerwerk eindringen). Das Reinigen alter Baumstümpfe in der Nähe des Hauses ist daher eine weise Vorsichtsmaßnahme.

● **Holzböcke:** Diese für das Holz gefährlichen Insekten graben sich Gänge in Faserrichtung. Ein Gang hat einen Durchmesser von 5 mm und ist mit feinem Holzmehl angefüllt. Das Vordringen der Holzböcke in den befallenen Stücken geht nicht sehr schnell vonstatten, aber regelmäßig und unerbittlich, wenn eine Heilbehandlung nicht geschieht. Man kann die Öffnungen der Gänge erkennen. Angriffe von Holzböcken können festgestellt werden, weil das Insekt beim Aushöhlen ein charakteristisches, wenn auch verhaltenes Geräusch mit seinen Kauzangen macht. Überwiegend Nadelhölzer fallen ihnen zum Opfer.

● **Holzwürmer:** Die Larven dieser Insekten höhlen Gänge aus, die einen geringen Durchmesser haben (1 mm), aber sehr zahlreich sind. Ein Befall wird durch Holzmehl am Eingang der Gänge erkennbar (die ein Stück Holz manchmal vollständig durchlöchern können). Holzwürmer ziehen weiche Hölzer vor. Durch das »Impfen« des Holzes ist es ziemlich einfach, sich vor ihnen zu schützen und sich ihrer zu entledigen.

Vorbeugemaßnahmen

Holzschutz ist vor allem vorbeugender Natur: Man versucht das Eindringen von Holzschädlingen und Insekten in das Holz zu vermeiden. Dieser Schutz ist in der Regel chemisch; er muß systematisch auf alle ausgesetzten Hölzer angewendet werden, vor allem auf solche, die an einem feuchten Platz oder draußen stehen. Wenn man einen Befall durch Insekten feststellt, muß man unverzüglich eingreifen, um weiteren Befall zu stoppen; bei Fäulnisbefall ersetzt man die angegriffenen Teile und behandelt die gesunden Teile.

● **Sengen:** Das ist die älteste Art der Behandlung, die seit frühesten Zeiten für Einfriedungen und Palisaden angewandt wurde. Sie besteht darin, die Holzteile nach Entfernen der Rinde durch die Flamme zu ziehen. So entsteht eine oberflächliche Verkohlung, wobei sich außen eine haftende

9

10

Teer- und Kohleschicht bildet, welche dem Eindringen von Feuchtigkeit (Pilzen) und Insekten entgegenwirkt.

● **Imprägnieren:** Geschieht mit Hilfe von Behandlungsmitteln, seit die Fortschritte in der Chemie Fungizide und Insektizide auf den Markt gebracht haben. In den meisten Fällen sind die angebotenen Produkte gleichzeitig fungizid und insektenvernichtend (und wasserabstoßend). Durch ein- oder mehrmalige Anwendung eines einzigen Produkts erhält man so einen ausgezeichneten Schutz. Sie geschieht vor Inbetriebnahme der Gegenstände mit Hilfe eines Pinsels. Dabei muß man besonders auf das Hirnholz achten, da hier besonders leicht Wasser und Insekten eindringen. Früher mußte man die Behandlung öfter wiederholen. Heute verbessern Fixiermittel die Haftung am Holz und die Wirkungsdauer. Kleine Gegenstände taucht man einfach in die Flüssigkeit ein, wenn das möglich ist. So dringt das Schutzmittel tief ein.

Imprägnieren ist in der Regel eine wirksame Vorsorgemaßnahme; es ist eine ausreichende Maßnahme gegen Holzwürmer, deren Präsenz man am Holzmehl, das an der Öffnung der Gänge zurückgelassen wird, erkennt; alte Möbel sind häufig wurmstichig, aber es handelt sich oft um einen alten Befall. Gegen Termiten und einen ernsthaften Befall von Holzböcken ist ein Imprägnieren mit dem Pinsel unzureichend.

11

9 **Imprägnieren von Nutzholz.**
10 **Auftragen einer Holzschutzlasur.**
11 **Auftragen von Teer.**

● **Druckimprägnieren:** Diese Technik setzt eine größere Apparatur voraus, da ein insektizides und fungizides Produkt unter hohem Druck in den Splint des Materials injiziert werden muß. Die Behandlungsflüssigkeit dringt so in die Zellwände ein. Das Holz ist demnach auch von innen her geschützt. Eine solche Behandlung ist unerläßlich, wenn man einem Befall von Holzböcken oder gar Termiten vorbeugen will. Zudem stellt sie einen ausgezeichneten Schutz gegen Pilze dar.

Das Injizieren wird von Spezialunternehmen vorgenommen; es betrifft vor allem Dachstühle, gewisse Schreinerarbeiten und Telefonmasten. Es gibt aber auch Mittel, die mit Hilfe einer Spraydose in das Holz injiziert werden. Hierzu muß mit dem Bohrer ein Loch gebohrt werden, um die Düse einführen zu können. Man kann auch in die vorhandenen Löcher von Insekten injizieren.

● **Andere Schutzmaßnahmen:** Man sollte die Oberflächenbehandlung des Holzes, die die Tiefenbehandlung ergänzen soll, nicht vernachlässigen. So verwendet man seit langem für die Wartung von Booten Teere, die eine feste Schutzschicht gegen Feuchtigkeit bilden. Moderne Lacke auf der Basis von synthetischen Harzen bieten einen hervorragenden Schutz. Die Behandlungsmittel, die man für Holz verwendet (Imprägnierung), sind bisweilen verfärbend.

Manche Produkte bieten einen ganz speziellen Schutz; so injiziert man wasserabweisende chemische Substanzen in Holz-teile, die einer permanenten Feuchtigkeit ausgesetzt sind. Man verwendet außerdem feuerhemmende Imprägnierflüssigkeiten: so werden (beispielsweise) Holzteile in Heizräumen damit behandelt, oder Türflügel, wenn sie als Schleuse gegen das Sichausbreiten von Feuer dienen sollen.

12   **Imprägnieren eines alten Dachstuhls.**
13   **Eine zerlegte Spritzpistole.**
14   **Behandlung durch Pulverisieren.**

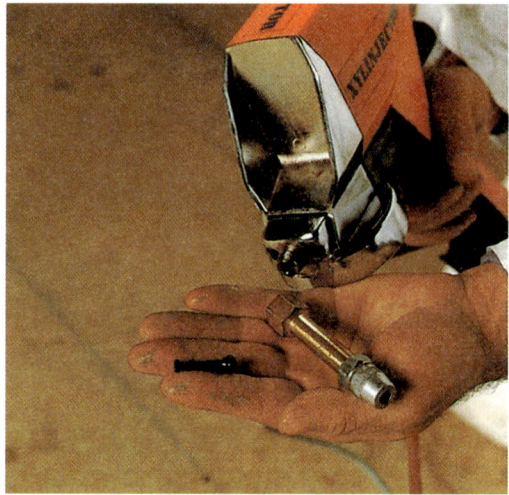

13

12

14

Bezeichnungen von Schnittholz

Bohle   Parallelschnitt, mit einem Seitenverhältnis von 1 : 2 oder 1 : 3, zwischen 55 × 155 mm und 65 × 185 mm.

Kantel   Parallelschnitt, bei dem der Schnitt quadratisch oder annähernd quadratisch ist. Außenmaß zwischen 15 und 50 mm.

Kantholz   Parallelschnitt, bei dem der Schnitt quadratisch oder annähernd quadratisch ist. Außenmaß zwischen 40 und 120 mm.

Blatt   Parallel oder konisch geschnitten, Seitenverhältnis gleich oder größer als 1 : 4, Stärke bis 22 mm.

Leiste   Parallelschnitt mit rechteckigem Querschnitt, schmal, Breite zwischen 26 und 55 mm, geringer Stärke von 5 bis 12 mm.

Trägerlatte   Parallelschnitt mit rechteckigem Querschnitt zwischen 26 × 65 mm und 45 und 105 mm, zum Tragen von Parkett bestimmt.

Dachlatte   Parallelschnitt zwischen 18 × 35 mm und 30 und 40 mm.

Planke   Parallelschnitt, bei dem das Größenverhältnis der Seiten zwischen 1 : 2 und 1 : 3 liegt, zwischen 75 × 205 und 105 × 225 mm.

Brett   Parallel oder konisch geschnitten, Seitenverhältnis gleich oder größer als 1 : 4, die Stärke liegt zwischen 22 und 55 mm.

Holzwerkstoffe

Die Erfindung der aus Holz hergestellten Platten hat die Arbeit des Schreiners beträchtlich verändert. Zunächst war es das Sperrholz, das entwickelt wurde, dann die Hartfaserplatte und schließlich die Spanplatte.

Eine Platte wird hergestellt aus Holz (aus dünnen Platten oder aus größeren oder kleineren Teilchen) und Bindemitteln, die den Zusammenhalt gewährleisten (Klebstoffe); man fügt außerdem noch verschiedene Zusatzstoffe bei (wasserabweisende Stoffe, Feuerhemmstoffe, Insektizide und Fungizide).

Heutzutage ist die Verwendung von Massivholz deutlich eingegrenzt; sie beschränkt sich vor allem auf Gebälke, große Schreinerarbeiten im Innen- und Außenbereich (Türfüllungen, Fensterläden) und auf die Herstellung von Möbelrahmen. Die aus Holz hergestellten Platten werden dagegen in großem Maß für die Herstellung jeglicher Arten von Möbeln, Regalen, Zwischenwänden und Isolierungen verwendet; die Tendenz ist zudem, bei Bodenbelägen (Parkette) und Wandverkleidungen (Paneele) Massivholz durch solche Platten zu ersetzen.

Der Vorteil derartiger Platten ist zunächst einmal deren Preis. Bretter aus Edelhölzern sind extrem teuer und können daher nur für wertvolle Möbel oder Gegenstände verwendet werden. Mit zusammengefügten Furnieren von hoher Qualität lassen sich aus diesen Platten sehr interessante dekorative Ergebnisse erzielen.

Ein weiterer bedeutender Vorteil der Platten ist der, daß sie, was ihre Größe angeht, bedeutend stabiler sind als Massivholz. Diese Besonderheit vermindert in hohem Maße das Spiel von Werkstoffen, was in allen Bereichen des Bauhandwerks und der Schreinerei deutlich bemerkbar ist.

Die Eigenschaften der Platten hängen stark von den verwendeten Holzarten, Bindemitteln und Proportionen, aber auch von den Herstellungsverfahren und -bedingungen und den Zusatzstoffen ab. Man sollte daher mit Bedacht und Sachkenntnis die am besten passende Art von Holzwerkstoff auswählen.

In jedem Fall sollte man sich in Erinnerung rufen, daß die Holzwerkstoffe trotz allem aus Holz hergestellt sind; sie behalten also eine Reihe von Eigenschaften dieses Materials, wie die Isolierfähigkeit; im allgemeinen müssen die Nebenprodukte genau wie Holz gegen Feuchtigkeit geschützt werden; selbst wenn sie für den Außenbereich vorbehandelt wurden, müssen entsprechende Vorkehrungen getroffen werden. Ein Quellen ist möglich, wenn auch nur gering. Daher sollten bei Parketten aus Holzwerkstoffen stets Dehnungsfugen vorgesehen werden. Die Platten, welcher Art sie auch sein mögen, müssen stets flach und auf einer Unterlage gelagert werden, um sie vom Boden her zu isolieren. Sie sollten mindestens 24 Stunden vorher an dem Ort zwischengelagert werden, an dem sie verarbeitet werden sollen, damit sie Zeit haben, sich an die dem Raum eigenen Feuchtigkeits- und Wärmebedingungen anzupassen.

Das Verarbeiten der Platten erfordert Spezialwerkzeuge, vor allem beim Sägen: die in den Holzwerkstoffen enthaltenen Leime machen normale Sägeblätter nämlich stumpf. Es gibt spezielle Eisenwaren wie sogenannte »Spax« (Schrauben) für Platten, selbst wenn sie dieselbe Bezeichnung haben wie bei Massivholz.

Spanplatten

Diese Platten werden aus Holz(oder Flachs)-partikeln hergestellt, präpariert und kalibriert (d. h., das Werkstück wird auf ein genaues Maß gebracht). Nach dem Verleimen mit Kunstharz werden sie verdichtet und heißgepreßt.

Eigenschaften. Spanplatten sind schwer und isolieren sehr gut (vor allem akustisch). Sie haben sehr an Bedeutung gewonnen,

besonders da ihr Preis relativ niedrig ist. Sie eignen sich für zahlreiche Verwendungszwecke, sind aber sehr feuchtigkeitsempfindlich. Eine Platte, die der Feuchtigkeit ausgesetzt war und aufgequollen ist, nimmt nie mehr ihre ursprüngliche Form an.

Die Platten sind nahezu starr (sie brechen) und schwer zusammenzufügen: Schrauben und Nägel halten schlecht. Man sollte daher auf spezielle Techniken des Zusammenbaus zurückgreifen.

Zudem sind die ästhetischen Qualitäten dieses Materials begrenzt. Wenn sie sichtbar bleiben sollen, sollte man beschichtete

16 Sperrholzplatten aus Rio-Palisander für einen Schreibtisch.

17 Spanplatten bestehen aus lauter kleinen Holzteilchen.
18 Zuschnitte aus Spanplatten.
19 Verlegung eines Fußbodens.
20 Bedachung mit Schindeln auf Spanplatten.

Platten verwenden. Unabhängig davon sollten Sie darauf achten, daß Sie nur noch Spanplatten der Güteklasse E 1 verwenden, da dieses Zeichen auf formaldehydfreie Spanplatten hinweist.

Maße. Spanplatten sind in nahezu jeder Größe zu bekommen. In Baumärkten und Schreinereien kann man sich die Platten in die gewünschte Größe schneiden lassen. Die gängigsten Stärken sind: 8/9/10/13/16/ 19/22/25 mm; in Holzfachgeschäften sind Stärken von 35/50/70 mm auch zu bekommen. Die Stärke einer Platte sollte besonders dann beachtet werden, wenn sie ein Gewicht tragen soll, wie bei Regalen.

Die verschiedenen Platten. Zur Herstellung der Platten verwendet man maschinell hergestellte Säge- und Hobelspäne, wie auch verschiedene Abfälle, die vor allem bei der Herstellung von Sperrholz anfallen. Vor allem Tannen und Kiefern werden zur Verarbeitung verwendet, aber auch verschiedene Laubbäume (Birke).
Abhängig von der Art und dem Kalibrieren der Einzelteile und den Herstellungsverfahren erhält man verschiedene Arten von Spanplatten, die man durch Hinzufügen von Zusatzstoffen und Bearbeitung noch verbessern kann.

● **Einschichtplatte:** Aus einem einzigen Bestandteil hergestellt, von ziemlich grobem Aussehen (zweiseitig geschliffen).

● **Dreischichtplatte:** Die Mittelschicht (Kern) ist aus größeren Spänen zusammengesetzt, die Deckschichten dagegen aus feineren. Durch die Außenseiten der Platten erhält man eine bessere Oberfläche. Es gibt auch nicht gleichartige Platten mit gröberen Teilchen in der Mitte und feineren an der Außenseite, ohne daß jedoch die Schichten genau abgegrenzt wären.

● **Strangpreßplatten:** Die Einzelteilchen liegen rechtwinklig zu den Außenseiten, wodurch die besonderen Qualitäten erzielt werden (für Zwischenwände). Strangpreßplatten werden manchmal ausgehöhlt (innenliegende Waben); sie werden so leichter und isolieren besser.

Zusatzstoffe. Häufig werden die Platten durch die Zugabe von verschiedenen Mitteln vorbehandelt. Die Verwendung von wasserabweisenden Mitteln ermöglicht die Herstellung von relativ feuchtigkeitsbeständigen Platten, die man zwar einer feuchten Umgebung, nicht jedoch ständig irgendwelchen Temperaturschwankungen aussetzen darf; diese Platten tragen die Bezeichnung V 100. Es gibt auch insgesamt feuerhemmend imprägnierte Platten für Räume, die den genau festgelegten Normen bezüglich der Ausbreitung von Flammen unterliegen.

Oberflächen. Die Platten können eine unbehandelte oder eine geschliffene Außenseite haben (was meist der Fall ist). Die Dreischichtplatten haben sehr fein geschliffene Oberflächen, können daher gestrichen werden.
Für das Bauwesen gibt es gebrauchsfertige Platten, die fabrikmäßig vorbehandelt wurden, etwa in Form eines Überzugs oder eines Grundierungsanstrichs (man verwendet sie für Trennwände und abgehängte Decken).
Die Hersteller bieten darüber hinaus papierbeschichtete Platten für den Innenausbau an; sie sind die ideale Grundlage für Tapeten. Es gibt auch dekorative holzbeschichtete Spanplatten (für die Herstellung von Möbeln), oder solche, die kunststoffbeschichtet sind.

21

21 Furnierte Spanplatte.

Auszeichnung. Spanplatten müssen eine Bezeichnung tragen. Die Kennzeichnung muß die handelsübliche Bezeichnung und die Maße (Länge × Breite × Stärke) umschließen. Die als »Standard« bezeichneten Platten sind für die normale Verwendung im Innenbereich geeignet; die mit V 100 gekennzeichneten Platten lassen eine Verwendung in einer feuchten Umgebung zu.

Sperrholz

Sperrholz, das aus mehreren aufeinander-
geleimten Holzschichten besteht, sieht aus
wie ein »Sandwich«. Man erhält die Holz-
blätter oder -lagen durch Messern oder Abschälen. Die Fasern von zwei aufeinander-
folgenden Lagen müssen rechtwinklig zueinander verlaufen, um die Widerstandsfä-
higkeit des Ganzen zu verbessern (gekreuz-
te Fasern).

Das Sperrholz hat je nach verwendeten
Holzarten und Herstellungsverfahren unterschiedliche Eigenschaften.

Das Abschälen besteht darin, das Stamm-
holz zu zerschneiden, indem man es um
seine eigene Achse dreht (wie man ein Tuch
entrollt). Diese Technik ermöglicht es, groß-
formatige Blätter zu erhalten, was für die
Herstellung von großen Platten von Bedeutung ist. Beim Messern schneidet man Holz-
blöcke parallel zur Achse in dünne Scheiben. Diese Vorgehensweise wendet man
zur Herstellung von Außenschichten an
(Deckblätter oder Furniere), da man so bereits gemaserte Blätter erhalten kann.

Eigenschaften. Für die Arbeit des Schreiners ist das Sperrholz dem Massivholz sehr
ähnlich. Dieser Werkstoff ermöglicht in der

22   **Mehrlagige Sperrholzplatte aus Kiefer.**

23

23 Sperrholz ist ein gutes Material zur Herstellung von Kleinmöbeln.

Tat komplizierteste Bauten; er kann gesägt, genagelt, geschraubt oder gebohrt werden (das Hobeln jedoch kann problematisch sein); im übrigen läßt er sich sehr gut biegen.

Heute verwendetes Sperrholz besteht fast immer aus Okoumé-Blättern (aus Gabun stammendes Holz), die durch Leime auf Kunstharzbasis zusammengefügt wurden, weshalb Werkzeuge (Sägen) mit speziellem (gehärtetem) Sägeblatt verwendet werden müssen; wobei das Holz des Okoumé selbst eine ziemlich stumpfmachende Wirkung hat. Die Farbe dieser Sorte ist lachsrosa (mit zunehmendem Alter wird sie dunkler). Das Holz ist ziemlich schwierig zu bearbeiten, aber die Fasern verlaufen in der Regel gerade; es läßt sich sehr gut verleimen und nimmt Lack oder Farbe gut an. Man verwendet Sperrholz in großem Umfang zur Herstellung von zahlreichen Schreinerarbeiten im Innen- und Außenbereich und für Betonschalungen.

In der Regel werden 3 bis 9 Lagen verwendet, aber es gibt spezielle Sperrholzplatten, die aus einer größeren Anzahl von Lagen bestehen.

Maße. Je nach Hersteller sehr unterschiedlich. Die am häufigsten vorkommenden Längen sind 205, 250, 300, 305 und 310 mm, die Breiten 100, 122 und 153 mm. Die üblichen Stärken liegen bei 4, 5 und 6 mm (3

Lagen); 9, 10 und 12 mm (5 Lagen); 15 und 19 mm (7 Lagen); 22 und 25 mm (9 Lagen). Die Formbeständigkeit der verschiedenen Sperrholzplatten ist sehr gut, da die Fasern der Lagen kreuzweise verlaufen.

Die verschiedenen mehrlagigen Sperrholzplatten. Die zahlreichen Produkte sind den unterschiedlichen Verwendungszwecken angepaßt.

● **Sperrholzplatten für den normalen Gebrauch:** Die Platten, die man gewöhnlich zur Oberflächenverkleidung verwendet, können sichtbar bleiben (Oberfläche mit Farbe oder Lack behandelt). Wie das Holz werden Sperrholzplatten gemäß ihrem Aussehen klassifiziert, das heißt, abhängig von den an der Oberfläche sichtbaren Mängeln (Vorhandensein von Knoten und verschiedenen Anomalien: Risse, anormale Färbungen, Verleimungsfehler). Oberflächen mit Fehlern werden in I bis IV unterteilt; einzig die Oberfläche der Klasse I, die einige Mängel aufweist (kleine, feste Knoten, verkittete Risse und leichte Unregelmäßigkeiten der Faser), wird für eine sichtbare Verarbeitung verwendet, da sie aufgrund ihrer Maserung noch sehr dekorativ ist. Die Oberflächen der Klassen II bis IV werden beschichtet, sei es mit einem Furnier, einem Überzug oder einem Farbanstrich; Sperrholz der Klasse IV ist vor allem für rohe Arbeiten bestimmt (Herstellung von Kisten). Die verwendeten Furnierplatten weisen auf der Vorderseite Klasse II und auf der Rückseite Klasse III auf. Diese Platten sind ausschließlich für Innenarbeiten in trockener Umgebung gedacht.

● **Wasserabweisende Platten:** Manche Platten werden bei ihrer Herstellung mit einem wasserabweisenden Mittel behandelt. Sie werden mit Hilfe von wasser- oder feuchtigkeitsabweisenden Leimen zusammengefügt. So erhält man einen bemerkenswert stabilen Werkstoff, den man in Bädern, Kellern und im Außenbereich verwenden kann. Man unterscheidet diese Platten aufgrund der Verleimung.

● **Feuerhemmende Platten:** Für die Herstellung von Brandschutztüren, für Schreinerarbeiten in Heizräumen verwendet man diese vollständig feuerhemmend behandelten Furnierplatten.

24

25

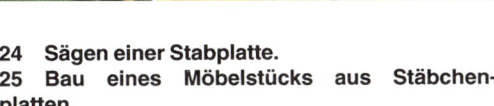

24 Sägen einer Stabplatte.
25 Bau eines Möbelstücks aus Stäbchen-platten.

Oberflächen. Die geläufigen Sperrholzplatten sind üblicherweise auf beiden Seiten abgeschliffen.

Manche feuchtigkeitsbeständige Platten erhalten eine spezielle Oberflächenbehandlung, die es möglich macht, sie als Betonschalbretter zu verwenden. Es handelt sich um besonders haltbare Sperrholzplatten, die große Lasten aushalten.

Es gibt noch andere Arten von Sperrholz, die für diese oder jene Verwendung besonders geeignet sind. Das wabenförmige Sperrholz hat einen Kern aus einem Wabennetz. Diese Sorte nimmt man vor allem für Zwischenwände.

Die Platten werden außer dem Okoumé noch aus anderen Holzarten hergestellt. So besteht die Sperrholzplatte aus der finnischen Birke aus dünnen und regelmäßigen Lagen, so daß nach dem Abschleifen die Kanten besonders dekorativ aussehen.

Tischler-/Stäbchenplatte

Die korrekte Bezeichnung dieses Produkts lautet »gelattetes Furnierholz«. Es handelt sich dabei um ein besonderes Sperrholz, bestehend aus zwei gewöhnlichen Deckblättern, die einen Kern aus Holzlatten mit einer Gesamtbreite von 7 bis 30 mm (untereinander verleimt oder nicht) umschließen.

Im allgemeinen sind die innenliegenden Holzlatten aus Pappel- oder Kiefernholz (während die Deckblätter aus Okoumé sind). Die Fasern der Latten verlaufen senkrecht zu denen der Blätter.

Eigenschaften. Stabplatten lassen sich genauso wie Massivholz verarbeiten. Sie sind leichter und dekorativer als Spanplatten und bei großen Stärken billiger als die üblichen Sperrholzplatten.

Stabplatten kann man leicht sägen, durchbohren und sogar hobeln; dank des massiven Kerns lassen sie sich leicht verschrauben und nageln.

Da die Kanten von Stabplatten nicht sehr schön sind, müssen sie nach Fertigstellung mit heiß aufgetragenem Umleimer oder Kantenleisten verkleidet werden. Manchmal stellt man größere oder kleinere Hohlräume zwischen den Kanten fest, was die Arbeit erschwert.

Die Vorder- und Rückseiten der Stabplatten werden nach denselben Maßstäben wie die normalen Sperrholzplatten klassifiziert. Es gibt auch mit Furnieren beschichtete Platten: an der Weiterentwicklung dieser Platten wurde sehr viel getan, und man verwendet sie heute häufig für die Herstellung von modernen Möbeln oder sogar für Stilimitationen.

Die Formbeständigkeit der Stabplatten ist sehr gut. Ihre Maße sind dieselben wie die der Furnierplatten (die gängigsten Stärken sind 16, 19, 22, 25, 30, 40 mm).

Die Tischlerplatte ist eine der Stabplatte sehr ähnliche Sperrholzplatte bestehend aus Lamellen (statt Latten) von mindestens 7 mm, die an den Kanten aneinandergefügt sind. Ihre Füllung ist eine Furnierplatte, deren Kern aus Brettchen von 30 mm Breite besteht.

Hartfaserplatten

Sie sind dünner als die anderen Holzwerkstoffe und werden hauptsächlich für Möbelrückwände verwendet. Dieses schon vor Jahrzehnten hergestellte und hochgeschätzte Produkt, zunächst unter der Handelsbezeichnung Isorel, wird aus Holzfasern in Heißpressen unter hohem Druck hergestellt (mit oder ohne Bindemittel). Je nach Herstellungsverfahren und verwendeter Faserart erhält man verschiedene Arten von Platten, die zwar stets dünn sind, deren Härtegrad aber sehr unterschiedlich ist.

Eigenschaften. Hartfaserplatten lassen sich wie Holz verarbeiten; sie werden mit der Säge zerschnitten und sind einfach zu durchbohren. In Anbetracht ihrer geringen Stärke lassen sie sich leicht mit einem Elektro-Tacker befestigen, was ihre Verarbeitung stark erleichtert (beispielsweise beim Zusammenfügen von Schubkästenböden). In den meisten Fällen haben die Platten eine glatte und eine siebgenarbte Seite, da sie bei der Herstellung gegen ein Gitter gepreßt werden. Dieser Werkstoff ist feuchtigkeitsempfindlich, weil die Holzfasern vor dem Pressen gewässert werden. Die Platten verformen sich sehr schnell, wenn sie der Feuchtigkeit ausgesetzt sind; um das zu vermeiden, muß man die Holzfaserplatte mit einem Schwamm befeuchten (die siebgenarbte Seite); dann läßt man sie etwa zwölf Stunden ruhen, bevor man sie verarbeitet. Umfangreiche Verwendung finden die Holzfaserplatten bei der Herstellung von Möbelböden und Abtrennungen. Man verwendet sie darüber hinaus als Hinterlegung von Zwischenwänden und zur Montage von abgehängten Decken.

In der Regel machen Hartfaserplatten die Werkzeuge nicht stumpf, da sie nur Holzfa-

26

26   Verwendung von Hartfaserplatten für abgehängte Decken.

sern enthalten. In manchen Fällen fügen die Hersteller jedoch vor dem Pressen Harze hinzu.

Maße. Die Stärken betragen bei harten Hartfaserplatten in der Regel 3,2 und 5 mm. (Die gängigsten Längen betragen 260 und 275 cm, die Breiten 122, 125 und 206 cm.)

Die verschiedenen Hartfaserplatten. Je nach Druckstärke, die beim Preßvorgang angewandt wird, erhält man mehr oder weniger harte Platten. Ein minimaler Druck läßt weiche und häufig dicke Platten entstehen (sog. Weichfaserplatten), die man für ziemlich grobe Arbeiten und zum Isolieren verwendet. So gibt es Isolierplatten (für die Akustik). Sie sind mit einer Bitumenschicht überzogen, um sie vor Feuchtigkeit zu schützen. Harte und extraharte Platten erhält man durch hohen Druck: sie sind dünn und haltbar und dienen zu jeglicher Art von Verwendungszweck. Diese Platten haben oft eine glatte und eine siebgenarbte Seite, es gibt aber auch welche mit zwei glatten Seiten (geschliffen oder ungeschliffen). Wie die anderen Holzwerkstoffe können die Hartfaserplatten mit feuerhemmenden, wasserabweisenden und fungiziden Mitteln behandelt werden. So kann man Platten erhalten, die dazu geeignet sind, der Feuchtigkeit ausgesetzt zu werden.

Die Platten können beklebt, lackiert oder mit Kunststoff überzogen werden, was eine Verwendung im Innenausbau erleichtert. Manchmal erfahren sie eine spezielle Bearbeitung: So findet man viele perforierte, harte Hartfaserplatten, die man für die Herstellung von zweischaligen Trennwänden verwendet. Aufgrund der Perforierung ist eine Hinterlüftung des Mauerwerks gewährleistet; im übrigen kann raumsparender gearbeitet werden. Die mittelharten Platten haben eine geringere Dichte als die harten; man kann sie zur Herstellung von Möbelböden verwenden.

27

28

29

Furnieren einer Kante:
27 Leim auftragen (Neoprenleim).
28 Aufleimen mit Holzkeil und Hammer.
29 Nachschneiden mit einem Bodenlege-Messer.

Kunststoffbeschichtung

Dies ist ein hochentwickelter Werkstoff, bestehend aus Holzzellulose, getränkt mit Melanin-Formol- und Phenol-Harzen. Man stellt dünne, harte Blätter daraus her, die man dann auf eine Unterlage klebt (meist eine Holzwerkstoffplatte, z.B. eine Spanplatte).

Eigenschaften. Dieses sehr haltbare Material ist stoß- und stanzfest und unempfindlich gegenüber chemischen Mitteln. Die dekorativen Oberflächen sind sehr dauerhaft, da die Farben nicht im Licht verblassen.

Es gibt viele verschiedene dekorative Oberflächen. Häufig stellen sie eine Imitation der Holzmaserung dar.

Furniere

Das Dekorieren von Holzstücken oder Platten mit Furnieren ist eine sehr alte Kunst. Man verwendet dekorative Blätter aus Edelhölzern, die auf dem Schalbrett in Scheiben geschnitten wurden. Mit Hilfe eines Neoprenklebers (Kontaktklebers) können Sie selbst ein Furnier (kalt) herstellen. Furnierblätter werden paketweise verkauft, wobei

30 Beschichten eines Möbelstücks mit Kunststoff (Resopal).

die Reihenfolge der Blätter in einem Paket der des Schnittholzes entspricht. Daher kann man mit der Maserung herumspielen und Symmetrien schaffen: man klebt zwei aufeinanderfolgende Blätter Seite an Seite. Furnierblätter sind dünn und zerbrechlich. Man zerschneidet sie mit Hilfe einer sehr feinen Schere, genannt Furnierschere, oder mit einem Furnierschneider.

In der Praxis ist das Verleimen von großen Furnierblättern ziemlich schwierig und uninteressant, da man industriell furnierte Platten leicht findet. Einlegearbeiten dagegen können sehr interessante Ergebnisse zeigen. Es gibt übrigens Bausätze für Einlegearbeiten, mit denen sich kleine dekorative Platten herstellen lassen (für kleine Tische, Beistelltische, Nähkästchen). Das wäre eine Möglichkeit, um sich im Zuschneiden und Verleimen zu üben. Nachdem die einzelnen Teile des Ziermotivs aufgeklebt wurden, muß man eine feste Platte auf die Arbeit legen und mit Schraubzwingen befestigen, bis der Leim völlig trocken ist. Es darf keine Fuge bei den Verbindungen geben (Stoßfugen).

Umleimer zum Aufbügeln. Der Schreiner hat die Möglichkeit, eine Art von besonderem Furnier zu benützen, um unschöne Plattenkanten verschwinden zu lassen.

Umleimer sind den wichtigsten Holzarten, die für Schreinerfurniere verwendet werden, angepaßt, je nach Farbgebung und Maserung. Ihre Breite entspricht der Stärke der wichtigsten Spanplattentypen. Umleimer werden mit Hilfe eines normalen Bügeleisens aufgetragen: es genügt, sie auf der Kante abzurollen und mit dem Bügeleisen (auf »Wolle« stellen) langsam aufzubügeln. Die Umleimer, deren Innenseite mit einem Schmelzkleber beschichtet ist, haften sofort. Es gibt Furnierumleimer ohne vorgeleimte Seite, die mit einem Kontaktkleber aufgebracht werden müssen.

31

32

33

Aufbügeln eines Umleimers:
31   Auftragen des Umleimers mit einem Bügeleisen.
32   Entfernen der Grate mit einer Hobelfeile.
33   Kanten brechen.

Behandlungsmittel

Basiert das Schreinerwesen auch im
wesentlichen auf Handwerkstechniken, so
bedient es sich doch nicht minder einer
gewissen Anzahl von Behandlungsmitteln.
Dabei ist der Leim das am häufigsten
benutzte, aber nicht das einzige.

35

36

35, 36   Vinylholzleim wird vielfach für Verbindungen verwendet.

Das Zusammenfügen von Holz geschieht fast ausschließlich mit Leim: Schreinerwerkstücke sollten durchgehend geklebt sein (ohne Schrauben und Nägel). Dank der Fortschritte der chemischen Industrie verfügt der Schreiner heute über hochwertige, kalt zu verwendende Leime, was seine Arbeit sehr erleichtert.

Von der Vorbehandlung bis zur Ausarbeitung verwendet man Mittel wie Porenfüllstoffe und Überzugsmittel: mit ihnen lassen sich Fehler und Anomalien korrigieren und Oberflächen glätten. Werden Beizmittel und Lacke zum Verschönern der Oberfläche verwendet, so eignet sich lediglich der Lack, die Oberfläche des Holzes auch zu schützen. Es gibt ein umfangreiches Angebot an Mitteln dieser Art.

Leime und Kleber

Die früher von den Schreinern verwendeten traditionellen Leime werden aus tierischen Abfällen (Haut- oder Knochenleime) gewonnen. Es gibt sie in Form von Platten oder Tabletten, und sie müssen eine Nacht lang eingeweicht werden, bevor sie im Wasserbad bis auf 60° erhitzt werden (kurz vor ihrer Verwendung). Ist auf der einen Seite ihre Haltbarkeit sehr von Nutzen, so ist andererseits der ausschließlich heiße Gebrauch ein großer Nachteil. Ihre Verwendung ist

praktisch auf die Reparatur alter Möbel beschränkt. Heute verwendet man modernere Mittel, die kalt abbinden, so z.B. den Kaltleim (Weißleim).

● **Vinylleime:** Es sind die am häufigsten verwendeten Leime. Es gibt sie im Topf oder in der Tube, und im allgemeinen sind sie weiß, wobei sie beim Trocknen jedoch transparent werden.

Mit Vinylleimen ist aufgrund ihrer Festigkeit ein langanhaltendes Verleimen möglich. Sie werden in dünnen Lagen aufgetragen, weshalb die Fugen kaum sichtbar sind. Ihr größter Vorteil ist ihre einfache Handhabung, streicht man sie doch einfach mit dem Pinsel auf. Es empfiehlt sich, glatte Flächen vorher mit einer Metallbürste oder einem Zahnhobel zu behandeln, damit die Fasern besser haften. Die Leime sind jedoch nicht wasserfest oder feuchtigkeitsbeständig, wenn sie dieser länger ausgesetzt sind. Unter Temperatureinwirkung sind sie von mittlerer Festigkeit. Zusammengefügte Teile lösen sich oft, wenn sie in der Nähe von Heizgeräten stehen.

Leime hinterlassen keine Flecken auf dem Holz, es genügt, unsaubere Stellen mit einem feuchten Lappen zu reinigen. Das langsame Abbinden ermöglicht eine Positionsveränderung der verleimten Teile sogar noch einige Minuten nach ihrem Zusammenfügen. Die zusammengefügten Tei-

37

38

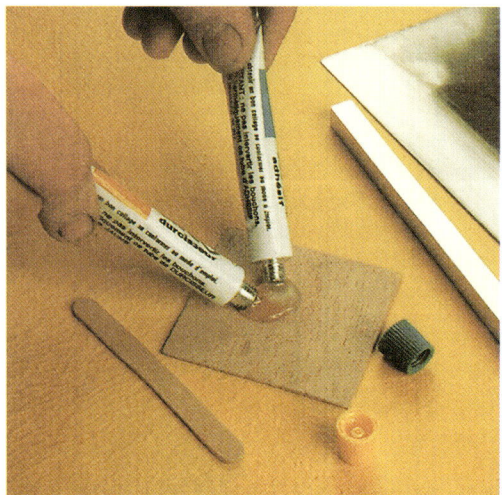

39

le müssen etwa zwölf Stunden aufeinandergepreßt werden. Diese Leime lassen sich im Topf lange aufheben, da sie nicht austrocknen.

● **Neoprenleime:** Häufig als Kontaktkleber bezeichnet, verwendet man diese Leime für anspruchsvolle Verleimungen: Anbringen von Wandplatten, Anbringen von Laminaten, Zusammenfügen von Holzwerkstoffen. Sie werden auf der Basis von synthetischem Kautschuk hergestellt, so daß die verleimten Stellen recht geschmeidig sind. Kontaktkleber sind beidseitig aufzutragen: man streicht eine dünne Schicht auf die beiden zusammenzufügenden Teile und wartet etwa zehn Minuten die Verdunstung des Lösungsmittels ab: der Leim darf nicht mehr am Finger kleben. Dann fügt man die Teile sorgfältig zusammen: Verschiebungen, auch kleinste, sind nicht mehr möglich. Um den Halt zu verbessern, benützt man entweder einen Hammer oder legt die Teile einige Minuten unter eine Presse (oder in eine Schraubzwinge).

Neoprenleime sind ziemlich wasser- und feuchtigkeitsbeständig; ihre Festigkeit bei Temperaturerhöhungen ist jedoch eher mittelmäßig. Flecken müssen sofort mit einem mit heißem Wasser befeuchteten Tuch entfernt werden. Entsprechend den unterschiedlichen Werkstoffen gibt es verschiedene Arten von Kontaktklebern.

● **Zweikomponentenkleber:** Durch den Zusatz eines Härters sind diese Kleber auch kalt abbindend. Der bekannteste ist der Epoxidharzkleber aus Kunstharz. Wegen seines großen Haftvermögens kann er selbst für schwierige Klebezwecke verwendet werden. Die vom Hersteller empfohlenen Dosierungen müssen eingehalten werden. Eine Erhöhung der Härterdosis verkürzt im allgemeinen die Abbindedauer. Die zu verklebenden Teile müssen sorgfältig vorbereitet und völlig sauber sein. Der Preis dieser Kleber beschränkt ihre Verwendung auf Stücke, die der Feuchtigkeit, chemischen Mitteln (Säuren, Kohlenwasserstoffverbindungen) oder hohen Temperaturen (um 300°) ausgesetzt sein werden. Während des Trockenvorgangs müssen die Teile zusammengepreßt werden. Flecken sind mit

37, 38 Furnieren mit Neoprenleim.
39 Zweikomponentenkleber.

Alkohol zu entfernen. Da nach dem Aushärten der Leim dunkelblau wird, sollte er nur an nicht sichtbaren Stellen verwendet werden.

Beizen, Lacke und Wachse

Man ist geneigt, Holz zu färben, um es dekorativer aussehen zu lassen; die modernen gebrauchsfertigen Beizmittel, im Topf oder im Fläschchen erhältlich, haben die alten Schreinerrezepte verdrängt, die noch natürliche Produkte verwendeten (mineralischer oder pflanzlicher Natur, wie Krapprot, Sandelholzpulver, Campecheholz, Indigo, Catechu oder Drachenblut). Beizen sind Mittel zur Oberflächenbehandlung, die das Holz nicht schützen. Um befriedigende Ergebnisse zu erzielen, genügt es, einen Lack gut auszuwählen und ihn richtig anzuwenden, was relativ einfach ist. Man verwendet sehr häufig Farblacke; auf diese Weise ist in einem einzigen Arbeitsgang Färben und Lackieren möglich. Manche Werkstücke sind nur gefärbt, ohne lackiert zu sein: so behält das Holz sein natürliches Aussehen (man kann die Oberfläche dann noch einwachsen). Lack läßt die Gegenstände dekorativer erscheinen. Lack ist unerläßlich, wenn das Holz Wetterschwankungen ausgesetzt ist.

Beizmittel. Obwohl das Beizen von Holz ein ziemlich komplexes Gebiet ist, erleichtern die auf dem Markt vorhandenen Mittel dem Heimwerker die Arbeit. Zunächst muß betont werden, daß Beizmittel das Holz nicht schützen: ein gebeiztes Holz ist gegenüber Feuchtigkeit oder Insekten ebenso empfindlich wie »nacktes« Holz.
Eine Beize ist keine Farbe, die die natürliche Färbung eines Holzes überdeckt; sie verändert sie nur. Daher ruft die Anwendung einer hellen Beize auf dunklem Holz praktisch keine Veränderung hervor. Beizen können demzufolge nur bei »weißem« Holz verwendet werden; so können Platane, Sykomore und Ahorn eine gelbe oder rosa Färbung annehmen. Linde, Esche oder Vogelkirschbaum vertragen dunklere Farbtö-

40, 41   Auftragen von Beize.
42   Ziergegenstände aus gebeiztem Holz.

41

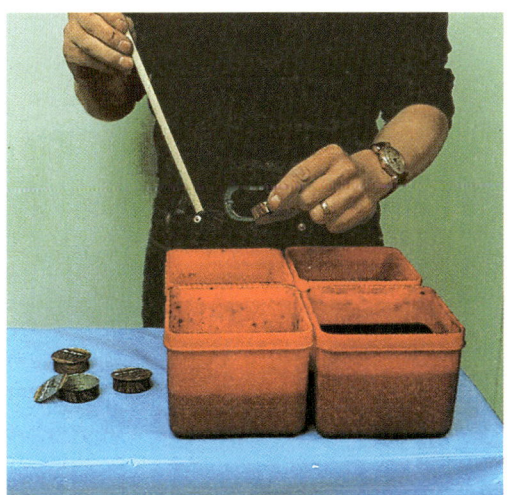

40

42

ne. Theoretisch kann man schwarze Beize (Ebenholz) auf alle Hölzer anwenden, wobei manche Sorten, wie etwa Birnenholz, sie besser annehmen als andere; ein helles Holz, das nur einmal mit schwarzer Beize gestrichen wird, wird einfach nur grau.

Beize färbt das Holz durch Imprägnieren, ob man sie nun mit einem Pinsel aufträgt oder das Werkstück darin eintaucht. Das bedeutet, daß die Färbung oberflächlich ist. Jede darauffolgende Arbeit (Schleifen oder Feilen) wird die natürliche Farbe wieder zum Vorschein bringen. Trotzdem schleift man in manchen Fällen nach dem Beizen, um die Maserung wieder als Kontrastwirkung hervortreten zu lassen.

● **Die wichtigsten Arten von Beizmitteln:** Die von Heimwerkern am häufigsten verwendete Beize ist die Wasserbeize. Sie ist einfach auf alle Arten von Holz, neues oder abgebeiztes, anzuwenden. Sie besteht aus Pigmenten, die in Wasser gelöst sind. Diese Art von Beize gibt es als Pulver, das dann in Wasser eingerührt werden muß, gemäß den Mengenverhältnissen, die auf der Tüte angegeben sind. Eine einzige Schicht dieser Beize verleiht dem Holz im allgemeinen eine matte Färbung. Eine zweite Schicht, die eine halbe Stunde später aufgetragen wird, läßt das Holz etwas dunkler gefärbt und leicht glänzend erscheinen. Man kann mehrere Schichten auftragen, wenn man es dunkler haben möchte.

Ölbeizen enthalten ebenfalls Farbpigmente. Der Umgang mit ihnen ist ungleich schwieriger, denn ein Übermaß an Öl macht das Auftragen einer zweiten Schicht wirkungslos. Diese Beizen verleihen dem Holz ein glänzendes Aussehen; darüber hinaus stellen sie einen gewissen Schutz dar gegen Flecken.

Chemische Beizen sind Substanzen, die auf die Bestandteile des Werkstoffes reagieren und dabei dessen Farbe verändern. Es handelt sich dabei im wesentlichen um saure oder basische Farbstoffe, die den Eigenschaften der unterschiedlichen Holzarten angepaßt werden müssen (mit oder ohne Tannin). Diese Mittel werden von Schreinern ständig verwendet, für einen Heimwerker jedoch sind sie schwierig zu handhaben.

Die Beizen, die gebrauchsfertig verkauft werden, tragen die Bezeichnungen der wichtigsten Holzarten: Eiche dunkel, Eiche Goldton, Nußbaum hell, Nußbaum dunkel, Mahagoni hell, Mahagoni dunkel, Vogelkirsche, Palisander, Teak, Zitronenbaum, Ebenholz und Mandarine, aber auch blau oder grün.

● **Wichtige Hinweise:** Machen Sie stets einen Test auf einem Holzrest (des zu beizenden Holzes), um das Endergebnis beurteilen zu können. Es ist immer möglich, eine Wasserbeize abzuändern, indem man sie mit einem anderen Farbton (derselben Marke) vermischt.

Das Holz muß gleichmäßig imprägniert werden, um Flecken und Spuren zu vermeiden. Verwenden Sie vorzugsweise einen trockenen und nicht fusseligen Lappen und gehen Sie methodisch vor. Trocknen Sie auf nicht ebenen Flächen Vertiefungen aus, um zu vermeiden, daß der Farbton dort dunkler wird.

Eingewachste Teile befeuchtet man vor dem Auftragen, da sie aufgrund der geöffneten Poren die Beize sehr stark aufnehmen.

Das »Tauchbeizen« führt zu guten Ergebnissen, ist aber nur bei kleineren Gegenständen anwendbar. Das Werkstück muß nach dem Bad zum Trocknen aufgehängt werden.

Durch Entfärben (oder Bleichen) von Holz kann man interessante Farbtöne erhalten, die man in der Natur gar nicht findet. In Fachgeschäften findet man besondere Mittel (auf der Basis von Wasserstoffperoxid). Man wendet das Entfärbungsverfahren auf ziemlich helle Hölzer an (Pappeln, Linden), auf die man sehr helle Farbtöne auftragen möchte, um feinere Nuancen zu erzielen. Man entfärbt auch Eichenholz, um ihm ein original gebleichtes Aussehen zu verleihen.

Bei manchen Holzarten bewirkt das Auftragen von Beizmitteln ein Aufrichten der Pore, was bedeutet, daß die glatt gestrichenen Fasern sich wieder aufrichten. Man schleift also das Holz nach der ersten Schicht mit einem feinkörnigen Sandpapier leicht ab, dann entfernt man den Staub und trägt eine zweite Schicht auf, um so eine absolut glatte und etwas glänzende Oberfläche zu erhalten.

Nadelhölzer (und manche exotischen Hölzer) nehmen aufgrund hoher Harzanteile Beizmittel schlecht an. Daher reinigt man sie vorher mit Hilfe eines Zelluloseverdünners.

43

44

43 Polyurethanlack ist ein hochwertiger Klarlack mit ausgezeichneter Haftfähigkeit.
44 Maschinelles Schleifen mit Staubabsaugung.

Lacke. Traditioneller Schreinerlack besteht aus Gummilack, der in Alkohol gelöst ist. Gummilack ist ein aus Asien stammendes natürliches Harz. Mit dieser Art Lack lassen sich die berühmten Polierballenlacke herstellen, einst der Stolz der Pariser Kunstschreiner.

● **Die wichtigsten Lackarten:** Die heute üblicherweise verwendeten Lacke werden auf der Basis von Kunstharzen hergestellt; es handelt sich dabei im wesentlichen um Polyurethan- oder Glyzerophthallacke. Je nach Herstellungsart sind diese Lacke für eine Verwendung im Innen-, im Außen- oder in beiden Bereichen geeignet. Sie bilden einen dünnen Film auf den Holzoberflächen, stellen einen Schutz und eine dekorative Ausführung dar. Die heutigen Lacke werden mit einem flachen Pinsel oder einer Spritzpistole aufgetragen. Gelöst werden sie mit Terpentin oder einem speziell vom Hersteller verkauften Lösungsmittel. Das Hinzufügen eines Lösungsmittels ist für das Auftragen mit der Spritzpistole unerläßlich: die zu beachtenden Mischverhältnisse sind auf den Etiketten angegeben. Diese Lacke werden unter der Bezeichnung »Hochglanz« oder »Seidenmatt« verkauft. Hochglanzlacke sind hart und sehr glänzend, während die satinierten Lacke dem Holz das Aussehen einer gewachsten Oberfläche verleihen.

Der gewöhnliche Lack ist farblos, man verwendet jedoch immer häufiger Farblacke, die wie die Beizmittel auf die vorhandenen Holzarten Bezug nehmen.

So findet man »Vogelkirschbaum«-, »Eiche rustikal«-, »Nußbaum«-, »Mahagoni«-Lacke. Um Irrtümer zu vermeiden, sollten Sie vorher einen Test auf einem Stück Holz machen.

Ein Polyurethan- oder Glyzerophthallack ist innerhalb von 30 Minuten staubtrocken; 4−6 Stunden muß man abwarten, bevor man eine zweite Schicht auftragen kann, 12 bis zum völligen Aushärten.

Innerhalb der verschiedenen angebotenen Lacke findet man »Schreinerlacke« für den Innenbereich, »wetterfeste Lacke« für den Außenbereich, »Boots-« oder »Marinelacke« für stark dem Wetter und der Gischt ausgesetzte Bereiche und Speziallacke für Kork. Versiegelungslacke sind Speziallacke, die das Holz in seiner Tiefe härten und dabei auf der Oberfläche einen sehr dauerhaften Schutzfilm zurücklassen (für Parkette bestimmt).

● **Wichtige Hinweise:** Bevor der Lack aufgetragen wird, muß das Holz vollständig entfettet und gereinigt werden. Lack, selbst

farbiger, versteckt keine Fehler; im Gegenteil, er läßt sie stärker herauskommen. Schleifen Sie das Werkstück sorgfältig ab, indem Sie mit einer mittleren Körnung anfangen und mit einer sehr feinen aufhören (schleifen Sie immer in Faserrichtung). Grobporige Holzarten müssen mit einem Porenfüllstoff vorbehandelt werden.

Lack zieht Staub an. Arbeiten Sie daher in einem sauberen Raum und bei geschlossenen Fenstern, um Luftzüge zu vermeiden.

Tragen Sie stets eine dünne Schicht auf: Sie müssen also mit dem Pinsel den Lack gut verziehen. Kreuzen Sie die Pinselstriche und streichen Sie die ganze Oberfläche glatt, ohne den Pinsel erneut einzutauchen.

Im allgemeinen sind mindestens zwei Schichten notwendig. Dennoch kann eine einzige Schicht manchen Holzarten ein interessantes Aussehen verleihen. Um eine perfekte Ausführung zu erzielen, schleifen Sie zwischen den beiden Schichten die Fläche mit sehr feinem Schleifpapier ab. Vergessen Sie nicht, danach den Staub zu entfernen und lassen Sie den Staub sich setzen, bevor Sie die zweite Schicht auftragen.

● **Polierballenlack:** Er ist der Stolz der Schreiner, aber der Polierballenlack ist gar nicht so schwer aufzutragen, wie es scheint.

Das Mittel: Sie benötigen echten Gummilack, den Sie dann in Äthyl- oder Methylalkohol lösen.

Der Polierballen: Normalerweise sollte er aus einem Stück hellem, ungefärbtem Wollstoff bestehen. Das wird dann, einmal gefaltet, in ein Stück Leinen gewickelt. Das Ganze sollte etwa die Größe eines Eies haben. Lackieren Sie nicht bei Temperaturen unter 15° und schütten Sie nicht zuviel Lack auf die Fläche. Man beginnt den Lack am Rand des Werkstücks aufzutragen, parallel zu den Kanten; dann füllt man die ganze Fläche aus, indem man hintereinander die Form von Achten macht. Man beendet den Arbeitsgang mit Parallelstrichen in Faserrichtung.

Lassen Sie die Arbeit mehrere Tage lang trocknen, bevor Sie die zweite Schicht auftragen. Man kann die Oberfläche dann noch aufhellen, indem man zuletzt mit ei-

45   Entstauben nach dem Schleifen.
46   Lackieren der Tür.
47   Auftragen von Tischlerlack.

nem nur in Alkohol getränkten Ballen dar-
übergeht.

Wetterfeste Lacke oder »Bootslacke« sind
für den Außenbereich bestimmt (man verwendet sie manchmal im Innenbereich für
moderne Möbel). Obwohl sie sehr wider-
standsfähige Produkte sind, lassen Regen-
und Sonneneinwirkungen sie doch nach
zwei oder drei Jahren abblättern; man muß
daher von Zeit zu Zeit eine Erneuerung vor-
sehen, die mit dem Abbeizen der alten
Schichten beginnen muß. Lackiertes Holz
muß vorher mit einem Lösungsmittel oder
einem Abbeizer völlig freigelegt werden.

Wachse. Viele ziehen Wachs dem Lack vor,
weil es dem Holz ein wärmeres und samti-
geres Aussehen verleiht. Zu sehr glänzende
Lacke töten das natürliche Licht des
Holzes.
Wachs wird auf der Basis von Terpentin
hergestellt. Es ist flüssig oder pastenförmig
und wird mit einem Lappen in dünnen
Schichten aufgetragen, um eine Ver-
schmutzung zu vermeiden. Lassen Sie es
trocknen, bevor Sie es polieren. Man kann
auch echtes Bienenwachs verwenden, das
in Riegelform erhältlich ist und langsam er-
wärmt werden muß.
Möbel, die mehrfach gewachst werden,
sind schmutzabweisend; man reinigt sie mit
einem Speziallösungsmittel (Wachsentfer-
ner). Die üblichen Wachse verändern die
Färbung des Holzes nicht, sondern verleihen ihm nur ein samtiges oder seidenmat-
tes Aussehen. Unabhängig davon gibt es tö-
nende Wachse, die das Holz (leicht) färben,
indem sie es verdunkeln; von diesen Wach-
sen gibt es verschiedene Farbtöne.
Ein gewachstes Möbelstück nimmt nur
dann ein schönes Aussehen an, wenn es
kräftig poliert wird: Benutzen Sie ein Wolltuch oder eine Bürste.

Porenfüllstoffe und Überzugsmittel

Selbst perfekt gehobelte und geschliffene
Holzteile haben keine absolut glatte Außenseite. Man stellt häufig kleine Mängel fest:
den zufälligen Schnitt von einem Werkzeug, einen leichten Trockenriß, einen nicht
verwachsenen Knoten, ein durch Montage-
teile verursachtes Loch (von Flachkopf-
schrauben).

48

Auf der anderen Seite sind manche Holzarten zu großporig, als daß sich mit Lackieren
eine schöne Oberfläche herstellen ließe.
Aus diesem Grund verwendet man Füllstof-
fe wie Holzüberzugsmittel, Porenfüllstoffe
und Holzkitt.
Porenfüllstoffe. Hölzer, die recht großporig
sind, nehmen Lack schlecht an; wenn die
Oberfläche nicht glatt ist, erzielt man nicht
die gewünschte Lasur. Es ist daher angebracht, das Holz fürs Lackieren vorzube-
handeln, indem man die Poren schließt, ohne sie jedoch zu verstopfen: Der Lack muß

48 **Auftragen eines färbenden Bohnerwachses.**
49 **Verspachteln eines Möbelstücks aus Sperrholz.**

49

tief eindringen und sättigen können. Aus diesem Grund sind die Porenfüllstoffe aus porösen Materialien. Die traditionelle Methode der Schreiner, Poren zu verstopfen, besteht darin, mit Hilfe von sehr feinem Schleifstaub unter Verwendung von Wasser oder Vaselinöl zu schleifen, was ein ziemlich komplexer und beschwerlicher Vorgang ist. Heute verwendet man gebrauchsfertige Porenfüllstoffe, die es in Pastenform und manchmal auf der Basis von Steinpulvern gibt. Die Mittel werden mit dem Spachtel gleichmäßig auf der gesamten Oberfläche verteilt. Sie dringen in die kleinsten Poren ein, aber sie verstopfen weder kleine Löcher noch Risse.

Porenfüllstoffe sind manchmal gefärbt. (Natürlich handelt es sich um ein mineralisches Material, oder ein künstlich hergestelltes.) In diesem Fall muß ein dem gewählten Lack sowie der Holzart angepaßter Porenfüllstoff ausgesucht werden. Die gängigen Porenfüllstoffe sind nicht immer mit allen Lackarten vereinbar. Es ist daher klug, Porenfüllstoffe und Lack derselben Marke auszusuchen.

Um eine perfekte Lackierung auf großporigem Holz zu erzielen, schleift man leicht über das Holz, wenn der Porenfüllstoff ganz trocken ist. Zu den Sorten, die Porenfüllstoffe erfordern, kann man die folgenden zählen: Eiche (europäische oder amerikanische), Kastanie, Ulme, Esche und Teak.

Überzugsmittel und Holzpasten. Holzwerkstoffplatten haben, selbst wenn sie poliert sind, eine ziemlich rauhe Oberfläche. Das gilt vor allem für Spanplatten und da besonders für deren Kanten. Man bereitet sie auf ihre Endbehandlung (Farbanstrich) mit Mitteln vor, die ihre Oberfläche glätten. Dabei handelt es sich um synthetische Überzugsmittel zur Oberflächenbehandlung von Hölzern, die mit einem Spachtel aufgetragen werden. Diese synthetischen Überzugsmittel sind sehr praktisch; sie ermöglichen das Verschließen kleiner Fehler. Man kann sie auch für Nadelhölzer oder helle Hölzer, wie das der Pappel, verwenden.

Holzpasten sind für den Schreiner vielseitig verwendbar, da man mit ihnen Löcher füllen und kleinere Reparaturen vornehmen kann. Diese Mittel werden meist mit Hilfe von Sägemehl und einem Bindemittel hergestellt. Die traditionellen Holzpasten bestanden aus einer Mischung von feinem Sägemehl und starkem Leim. Die heute angebotenen Pasten oder Kitte sind synthetisch hergestellt und in Töpfen verkaufte Produkte, die sich lange lagern lassen. Wenn man tiefe Risse füllen muß, geht man Lage für Lage vor, wobei man jede Lage erst trocknen lassen muß. Kitt läßt sich genau wie normales Holz abschleifen und nimmt sehr gut Farbe an. Um die Aufnahme zu verbessern, gibt man der Farbe einen Schuß Essig bei.

50 Schleifen nach dem Trocknen des Überzugsmittels.

51 Das fachgerechte Auftragen eines neutralen Porenfüllstoffs.

50

51

Synthetisches Holz ist ein Zweikomponentenmittel: sehr feiner Puder und Kunstharze. Nach dem Mischen der beiden Komponenten erhält man eine je nach Mischungsverhältnis mehr oder weniger dicke Paste, die man dann mit dem Spachtel aufträgt. Mit synthetischem Holz kann man Löcher füllen, aber auch Ausbesserungen vornehmen (eine angeschlagene Kante etwa). Auch kann es, gestreckt mit Hilfe eines Lösungsmittels (Azeton), als Kitt zur Oberflächenverbesserung dienen. Nach dem Trocknen kann synthetisches Holz genau wie Holz bearbeitet werden (man kann es abschleifen oder hobeln). Darüber hinaus kann man es einfärben, indem man dem Harz vor dem Mischen Farbe beigibt.

Damit die verschiedenen Holzkitte gut haften, schleifen Sie vor deren Auftragen die Werkstücke ab und entfernen Sie den Staub. Es gibt gefärbte und weiße Kitte, was ein Angleichen an den Farbton des Holzes erleichtert.

Tips und Tricks für den Praktiker. Sicherlich haben Sie festgestellt, daß die Holzpaste dazu neigt, sich beim Trocknen zusammenzuziehen und rissig zu werden, vor allem, wenn sie in großen Mengen verwendet wird. Das ist besonders dann der Fall, wenn es darum geht, Risse im Parkett, die zu groß geworden sind, zu stopfen. Um dies zu verhindern, genügt es, den zu stopfenden Zwischenraum aufzufüllen, bevor man die Paste aufträgt. Bei Parkettböden oder anderen relativ großen Rissen genügt es, vorher Bindfäden einzulassen, die aufgrund ihrer Beschaffenheit die Holzpaste nicht rissig werden lassen.

52, 53 Verspachteln eines Risses im Parkett mit Holzkitt.

52

53

Verbindungszubehör

Klassische Verbindungen von massiven Holzteilen werden ausschließlich durch Ausschneiden und Verkleben realisiert. Man verwendet dennoch zum besseren Halt im Holz Zubehör wie Dübel und Zapfen.

Das Arbeiten mit Holzwerkstoffplatten brachte die Verwendung von Zubehör mit sich, das es möglich macht, diese Materialien, die bisweilen für klassische Verbindungen ziemlich schlecht geeignet sind (Spanplatten vor allem), schnell und dauer-haft miteinander zu verbinden. Aus diesem Grund gibt es heute Schraubenbolzen mit Spreizdübeln und Verbindungsschrauben.

Dübel und Zapfen. Dübel sind aus Hartholz (meistens Buche); sie sind quadratisch für die Kunstschreinerei und rund für die Schreinerei. Sie dienen dazu, Verbindungen zu festigen. Man kann Dübel sehr gut aus Abfällen von hartem Holz ausschneiden. Zapfen sind kleine Zylinder aus hartem Holz, am Schaft im allgemeinen geriffelt, um den Halt zu verbessern.

54   Bohren mit Tiefenstop.
55   Anbringen und Verleimen der Holzdübel.
56, 57   Zusammenfügen des Möbelstücks.

54

56

55

57

Wenn Sie einen Zapfen einsetzen wollen, müssen Sie vorher ein Loch bohren, in welches Sie etwas Leim geben, der durch die Riffelung der Zapfen besser verteilt wird.

Für schnelle Verbindungen kleiner Holzteile verwendet man üblicherweise kreuzförmige Metalldübel. Sie werden wie Nägel mit dem Hammer eingeschlagen; sie ermöglichen dauerhafte Verbindungen ohne kompliziertes Ausschneiden und sind unsichtbar, wenn sie fachgerecht in die Werkstücke geschlagen wurden.

Schraubenbolzen mit Spreizdübeln und Verbindungsgliedern. Die rechtwinklige Verbindung von zwei Spanplatten ist nicht so einfach, da das Material mürbe ist. Man greift daher auf ein besonderes System zurück, bekannt unter der Bezeichnung »Schraubenbolzen mit Spreizdübel«.

Dieses Zubehör setzt sich zusammen aus einer geschlitzten Ringmutter (Dehnungsmutter) und einer stark verlängerten Sechskant-Senkkopfschraube. Man muß mit dem Holzbohrer ein ausreichend tiefes Loch in die entsprechenden Platten bohren (verwenden Sie einen Tiefenmesser). Die Ringmutter wird auf das Ende der Schraube gesetzt und alles wird dann in das Loch durch die beiden Platten hindurchgeschoben. Beim Festschrauben der Schraube mit Hilfe

eines Sechskantschlüssels, welcher in der Regel mit den Schrauben geliefert wird, entfalten sich die Flügelchen der Mutter und dringen in den Werkstoff ein, was eine extrem feste Verbindung sicherstellt. Einer der großen Vorteile dieses schon klassischen Systems ist die Möglichkeit der Demontage. Es gibt Abdeckungen in verschiedenen Farben, die man auf die Schraubenköpfe setzen kann, um sie zu verstecken. Man kann aber auch die Schrauben versenken und Holzpaste verwenden.

Verbindungsglieder sind kleine Montagezubehöre für Platten, im allgemeinen aus Plastik. Ein Verbindungsglied setzt sich aus zwei Teilen zusammen, wobei jedes auf Platten befestigt wird. Das Zusammenfügen geschieht durch Ineinandergreifen oder mit Hilfe eines dritten Elements, das die Verbindung festhält. Durch dieses System ist ebenfalls eine Demontage möglich.

58 Versteifung einer Verbindung mit kreuzförmigen Metalldübeln.
59 Schraubbolzen mit Spreizdübel und Imbusschlüssel.

58

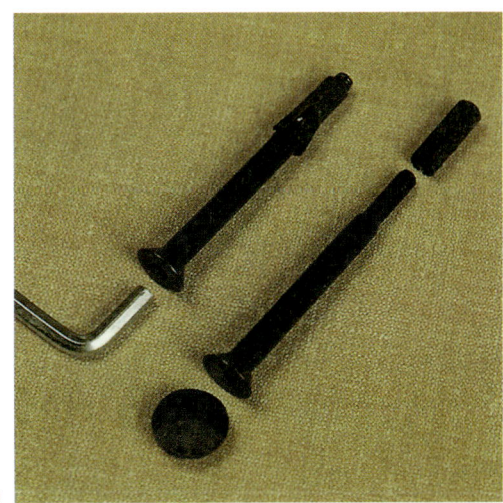

59

Werkzeuge

Die benützten Geräte eines Schreiners
sind nicht sehr umfangreich. Sie setzen
sich aus einigen einfachen Werkzeugen
zusammen, die jedoch von guter Qualität
und gut gepflegt sein sollten. Man muß
dennoch über eine gewisse
Grundausstattung an Werkzeugen
verfügen, da der zweckfremde Gebrauch
eines Werkzeugs viel Zeitaufwand kostet
und zu ungenauen Ergebnissen führt.

Die Einführung von tragbaren Elektrogeräten hat selbstverständlich eine Reihe von Handgriffen in der Schreinerwerkstatt verändert. Die Bohrmaschine, die Kreis- oder Stichsäge, die Schleifmaschine und sogar der Elektrohobel leisten dem Schreiner heute große Dienste und lassen ihn Zeit sparen. Dennoch stellt man fest, daß ein Schreiner, der mit seinen manuellen, aber guten Werkzeugen umgehen kann, manchmal schneller ist als mit Maschinen. So macht er mit dem Loch- oder Stechbeitel schneller ein Zapfenloch, wenn er viel Erfahrung hat, als mit Hilfe einer Bohrmaschine mit Fräs- oder Bohraufsatz, nicht zu vergessen die Fertigstellung durch den Stechbeitel. Sicher, der Besitz einer vielseitig verwendbaren Holzbearbeitungsmaschine macht es möglich, in andere Bereiche des Schreiner- und Kunstschreinerhandwerks vorzudringen, dennoch ist es nur eine halbprofessionelle Maschine. Wenn man tragbare Elektrogeräte benutzt, muß man sich jedenfalls zunächst einmal um seine eigene Sicherheit kümmern: Halten Sie sich an die Gebrauchsanleitungen und achten Sie besonders auf die Elektrokabel, da Unfälle, die durch den schlechten Zustand der Installationen verursacht wurden, bei Heimwerkern immer wieder vorkommen.

Die Werkbank ist das wichtigste Werkzeug des Schreiners. Sie muß sehr stabil und groß genug sein, um das Arbeiten mit großen Teilen möglich zu machen. Die traditionellen Werkbänke mit einer Oberseite aus hartem und stoßfestem Buchenholz und einem Gestell meist aus Hartholz sind unersetzbar. Es gibt mehrere Hersteller, die diese Art von hochwertigem Möbelstück noch immer bauen.

Die tragbaren Werkbänke (vom Typ Workmate) sind eine durchaus akzeptable Ersatzlösung, vor allem, wenn man wenig Platz hat. Sie können aber auch Ihre eigene Werkbank herstellen, entsprechend dem Platz, den Sie zur Verfügung haben, aber versäumen Sie nicht, auf Dauerhaftigkeit zu achten. Die Platte der Werkbank muß ausreichend hoch sein, um das Arbeiten im Stehen zu ermöglichen (70 bis 90 cm). Die Unterseite einer klassischen Werkbank ist eine große, offene Kiste für die großen Werkzeuge. Darüber ist ein Gestell befestigt, um die verschiedenen Werkzeuge aufzuhängen, derer man sich so leicht bedienen kann. Die Werkbank sollte an einem hellen Ort stehen, am besten vor einem Fenster. Die Steckdosen müssen oberhalb des Tisches auf einer hohen Leiste liegen.

Die Werkbank ist mit einer Paralleleinspannpresse oder einem Schraubstock ausgestattet. Man benötigt außerdem Bankhaken, um Werkstücke flach auf dem Tisch einspannen zu können; dieser muß also von Löchern durchbohrt sein, damit die Bankhaken justiert werden können. Die Schraubzwingen oder Klemmhaken sind von der Werkbank unabhängige Werkzeuge, unentbehrlich, um bearbeitete Teile einzuspannen oder während des Leimens zusammenzudrücken. Im allgemeinen sind sie für Rechtshänder links an der Werkbank angebracht. In ihrem oberen Teil befinden sich dem Tisch zugewandte Haken ganz oder teilweise aus Metall, die in das Holz greifen, um das Werkstück festzuhalten.

Zur Grundausstattung eines Schreiners gehört außerdem: der Holzhammer. Mit ihm baut man die Teile zusammen oder schlägt auf den Griff der Stemmeisen.

Das Rüstzeug für Arbeiten mit Holz umschließt auch Werkzeuge, die nicht bezeichnend für den Schreiner sind, derer er sich aber ständig bedient: ein nicht zu schwerer Maurer- oder Schreinerhammer, Zangen, ein Satz Schraubenzieher für Schlitz- oder Kreuzschlitzschrauben, ein Nagelsetzer.

Das Bearbeiten von Holzwerkstoffen erfordert eine gewisse Menge entsprechenden Werkzeugs (vor allem Sägen und Bohreinsätze).

61   Abrichten eines Holzstücks mit einer Rauhbank.

Meß- und Anreißwerkzeuge

Heimwerker vernachlässigen sie manchmal und bedienen sich irgendwelcher Behelfsmittel. Die Qualität einer Ausführung jedoch hängt zu einem großen Teil von der Genauigkeit der Maße und der Anzeichnungen auf einem Werkstück ab.

Metermaßstäbe. Der praktischste ist der Gliedermaßstab aus fünf Gliedern je Meter, meist aus Holz oder Metall. Für schnelles Messen verwendet man häufig das sich selbstaufwickelnde Bandmaß. Der erste Dezimeter hat im allgemeinen eine Millimeteraufteilung, vergleichbar der Einteilung bei Linealen.

Zirkel. Unentbehrlich, um Maße vom Metermaßstab oder einem anderen Meßinstrument zu übertragen. Natürlich benützt man ihn auch dazu, Kreislinien anzureißen.
Der Schreinerzirkel ist ein Stechzirkel, das heißt, man kann leichte Rillen in die Werkstücke ritzen, wohingegen der Minenzirkel weniger geeignet ist. Für Verbindungen, die sehr genau sein müssen, verwendet man Zirkel mit Schraubregulierung. Der Zirkel mit 20 cm Schenkellänge ist am nützlichsten, aber man benötigt möglicherweise ein zweites, größeres Instrument für größere Werkstücke.

Lineale. Sie dienen dazu, die Geradheit der Werkstücke zu überprüfen und zum Anreißen. Ein kurzes Lineal ist für kleine Anrisse ausreichend, aber man braucht wenigstens noch ein Lineal von einem Meter, ein weiteres mit zwei Metern kann ganz sinnvoll sein. Die Lineale müssen selbstverständlich gerade sein, was heißen soll, daß man nicht irgendeine Holzleiste verwenden sollte. Die klassischen Lineale sind aus Esche, einem harten Holz, das wenig arbeitet. Überprüfen Sie von Zeit zu Zeit das Lineal, indem Sie es auf eine ebene Fläche legen und einen Strich entlang der ganzen Länge einer Kante ziehen; drehen Sie das Lineal einmal entlang der Kante auf die andere Seite: die

62 Messen mit einem Zollstock.
63 Messen mit einem Bandmaß.
64 Anwendung eines Lineals.

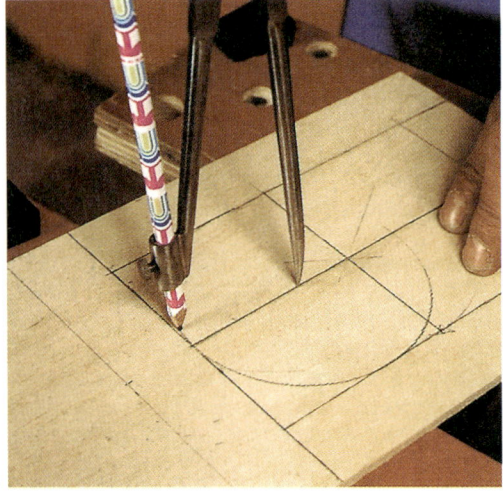

65

66

65   Anreißen mit einem Schreinerzirkel.
66   Anwendung eines Winkelmaßes.
67, 68   Anwendung einer Schmiege (beweglicbes Gehrungsmaß).

Kante muß dabei in allen Punkten mit der gezogenen Linie übereinstimmen.

Winkel. Der rechtwinklige Schreinerwinkel besteht aus zwei unterschiedlich dicken Teilen (der dünnere ist die Zunge, der andere der Schenkel). Es gibt auch rechte Winkel, die zum Teil oder ganz aus Metall sind. Der rechte Winkel dient zum Überprüfen und Anreißen von 90°-Winkeln.
Der Gehrungswinkel besteht aus zwei dünnen, mit einem Dorn zusammengefügten Zungen. Mit ihm lassen sich 45°-Winkel, aber auch andere (15, 30, 90, 120 und 135°) anreißen. Für das Anreißen von Verbindungsstellen ist er sehr wertvoll.
Die Schmiege (oder der bewegliche Gehrungswinkel) ist ein Winkel mit verstellbarer Zunge, die man mittels einer Flügelmutter feststellen kann. Zudem kann der Schenkel auf der Zunge verschoben werden. Mit diesem Instrument lassen sich Linien entlang eines beliebigen Winkels ziehen. Es wird häufig dazu benutzt, Winkel von einem Werkstück auf ein anderes zu übertragen.

Streichmaß. Ebenso unentbehrlich wie der Winkel. Ein Werkzeug, das aus einem viereckigen Brettchen (der Platte) und einer darin senkrecht verschiebbaren vierecki-

67

68

gen Leiste besteht. Die Platte wird, falls nötig, mit einem Splint auf der Leiste festgestellt. Ein Anreißstift befindet sich kurz vor dem Ende der Leiste.

Mit dem Streichmaß zieht man eine Linie parallel zu einer Kante, gegen die man die Platte gleiten läßt (immer zu sich hinziehend, nicht wegschiebend). Man kann übrigens zwei Spitzen auf dem Streichmaß befestigen, um gleichzeitig zwei parallele Linien ziehen zu können, vor allem, um Zapfen und Zapfenlöcher anzureißen. Es gibt moderne Streichmaße aus Hartplastik mit unterteilter Leiste und Schnellfeststellsystem.

69 Das Streichmaß ermöglicht ein präzises Anreißen parallel zu einer der Kanten.

Wasserwaagen. Die Wasserwaage, aus Holz oder Metall, dient dazu, die waagerechte und senkrechte Lage der Werkstücke zu überprüfen. Wenn die Luftblase links über die Markierung hinausgeht, muß das Teil nach rechts versetzt werden und umgekehrt. Wenn man zwei weit voneinander entfernte Punkte auf ein Niveau bringen muß, oder die waagerechte Lage eines langen Teils überprüfen muß, legt man die Wasserwaage auf ein langes, gerades Holzlineal. Die Wasserwaage, ebenso wie das Bleilot, wird vor allem bei der Montage von Schreinerwerkstücken an einer Wand verwendet.

Spitzbohrer. Die Spitze, bestehend aus Hartmetall, ist sehr spitz. Mit diesem Werkzeug lassen sich durch leichtes Anritzen sehr feine und exakte Linien ziehen. Man kann aber auch mit einer schwarzen Mine oder einem feinen Filzstift anreißen, wobei Rot im allgemeinen dem Schraffieren von Verschnitten vorbehalten ist.

Sägen

Selbst wenn Sie häufig Elektrosägen verwenden, sollten Sie einen Satz Handsägen und das notwendige Material zum Schärfen besitzen.

Die wichtigsten Handsägen. Es gibt Gestellsägen auf Holzrahmen und Steifsägen.
● **Der Fuchsschwanz:** Praktisch und leicht zu handhaben; der Fuchsschwanz setzt sich aus einem biegsamen, dreieckigen Sägeblatt und einem Griff aus Holz oder Plastik zusammen. Die Längen der Sägeblätter und der Zähne sind sehr unterschiedlich. Für normale Zuschnitte nimmt man einen Fuchsschwanz von 50 cm Länge mit mittlerer Zahnung und für präzisere Zuschnitte ein Blatt von 30 cm Länge und feiner Zahnung, das eine größere Genauigkeit in der Bewegung ermöglicht. Bei Fuchsschwänzen gibt es große Unterschiede hinsichtlich der Zahnformen: So gibt es etwa Zimmermannssägen mit großen Zähnen für grobe Zuschnitte oder Längsschnitte. Darüber hinaus gibt es Mehrblattsägen, bestehend aus einem Griff und einem Satz Sägeblätter, die man mittels Flügelmuttern montiert. Der klassische Fuchsschwanz mit mittlerer Zahnung ist ein vielseitiges Werkzeug.
● **Gestellsägen:** Das Sägeblatt ist gerade und mit Hilfe eines Drahts, den man mittels Schlüssel spannt oder lockert, in einen Holzrahmen eingespannt. Je nach Größe

70   Anreißen mit einem Spitzbohrer.
71   Sägen einer Spanplatte mit einem Fuchsschwanz.
72   Ausführung eines Zapfens mit einer Gestellsäge.

70

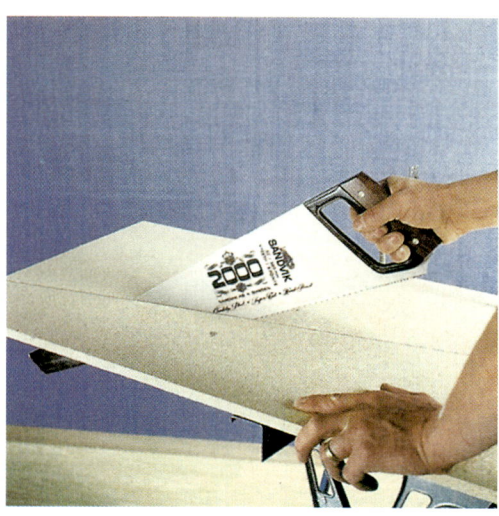

71

72

der Säge und Form des Rahmens gibt es dann verschiedene Modelle: Trennsäge (für große Teile), Spaltsäge (für Längssägen), Schlitzsägen (kleiner, mit feiner Zahnung für schwierige Zuschnitte), Laubsägen (mit geradem Sägeblatt und feiner Zahnung für Krümmungen).

Wenn man eine Gestellsäge nicht mehr benutzt, sollte man die Spannung lockern. Die Sägeblätter von Gestellsägen sind im allgemeinen drehbar, vorausgesetzt, daß das Blatt nicht in den Armen des Gestells gefaßt ist.

● **Die Stichsäge:** Als kleinere Ausführung des Fuchsschwanzes dient diese Säge mit ihrem geraden Blatt dazu, Öffnungen in eine Platte zu sägen, wobei man zunächst ein Loch bohrt, um das Sägeblatt einzuführen. Man verwendet sie auch zum Schneiden von Rundungen.

● **Die Zapfensäge (oder Absetzsäge):** Ist eine kleine Säge mit starrem Sägeblatt, die man dazu verwendet, das äußere Ende von Zapfen flächenbündig abzusägen.

● **Die Rückensäge:** Diese Säge mit rechteckigem Sägeblatt und einfachem Griff ist durch eine starre Metalleiste verstärkt, die das Blatt unterstützt. Sie dient dem feinen Zersägen von Leisten und Stäbchen oder dünner Sperrholzplatten. Sie wird oftmals zusammen mit der Gehrlade für präzise Sägearbeiten verwendet. Bei manchen Modellen ist das Sägeblatt verschoben, um flächenbündige Schnitte zu ermöglichen.

● **Die Furniersäge:** Die Zähne des Sägeblatts sind gehärtet (die Säge kann nicht geschärft werden). Sie sind haltbar genug, um trotz der Bindemittel Platten zu sägen. Manche Sägen dieses Typs sind in ihrem Vorderteil gezahnt; dadurch kann man direkt in die Mitte einer Platte hineinsägen (Tauchsägen).

73 **Kreisförmiger Ausschnitt mit einer Stichsäge.**
74 **Verwendung einer Rückensäge.**
75 **Ansetzen in der Mitte des Werkstücks mit einer Plattensäge.**

74

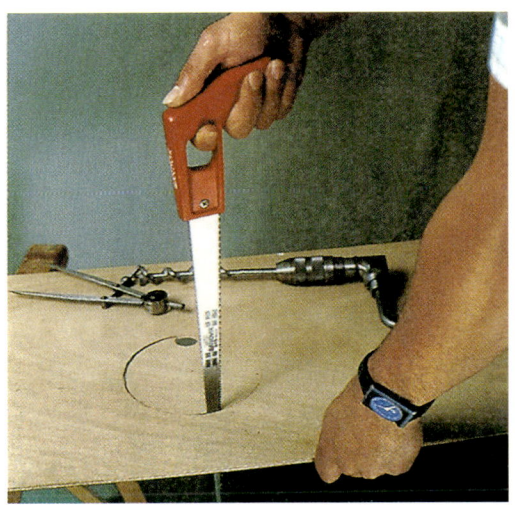

73

75

● **Schärfen:** Sägeblätter werden mit Hilfe einer dreieckigen Feile (Dreikantfeile) und/oder einem Schleifstein, den man zwischen den Zähnen hindurchzieht, während das Sägeblatt in einem Schraubstock festgehalten wird, geschärft. Um die Neigung der Zähne im Verhältnis zur Blattfläche zu begradigen oder zu ebnen, benutzt man ein Spezialwerkzeug (Sägenschränkzange). Die Zange ist mit einem Anschlagregler versehen, was ein genaues Einstellen der Schnittbreite ermöglicht.

76   Schärfen der Zähne mit einem Schleifstein.
77   Das sehr schwierige Schränken der Zähne einer Säge.   76

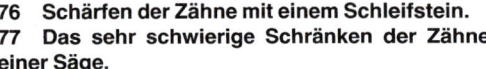

77

Elektrische Sägen. Sie werden immer häufiger verwendet und bei großen Zuschnitten und Platten sparen sie viel Zeit und Mühe.

● **Die Kreissäge:** Diese sehr nützliche Säge ermöglicht es, Platten und Bretter schnell zuzuschneiden.

Eine Kreissäge zeichnet sich durch ihre Kraft und ihre Schnittiefe von 50 bis 130 mm bei den meisten Modellen aus. Die verschiedenen Sägeblätter lassen sich schnell auswechseln, da sie lediglich mit einer Stellschraube fixiert sind. Die Säge ist mit einer seitlichen Führung ausgestattet, die es ermöglicht, entlang einer festgestellten Meßlatte zu sägen. Ein Schutzgehäuse überdeckt das Sägeblatt, wenn es sich dreht; dadurch können Unfälle verhindert werden. Bleibt zu erwähnen, daß diese Säge ein recht gefährliches Werkzeug ist, das mit größter Vorsicht bedient werden sollte.

79

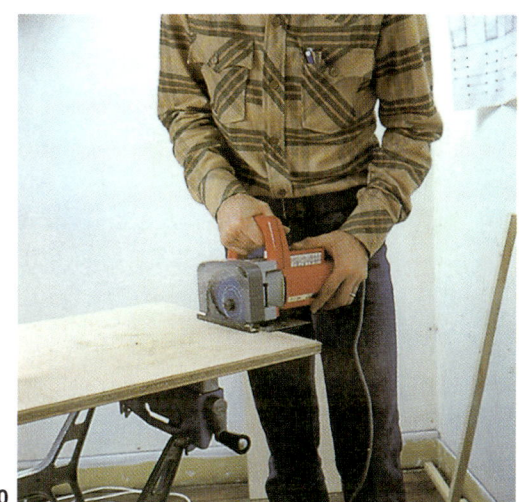

78 Tragbare elektrische Kreissäge.
79 Sägen von Spanplatten für einen Holzboden.
80 Kreissäge als Zusatzgerät für eine Bohrmaschine.
81 Tischkreissäge.

80

78

81

82

83

● **Die Stichsäge:** Sehr praktisch und für alle Gelegenheiten passend, ist dies ein leichtes und einfach zu bedienendes Werkzeug. Diese Säge ist vor allem für kleine Zuschnitte und alltägliche Sägearbeiten gut zu gebrauchen, während sie für große Zuschnitte eher ungeeignet ist. Mit ihr lassen sich gekrümmte und kurvenreiche, selbst sehr komplizierte Ausschnitte realisieren. Die Modelle mit Pendelhubbewegung sind sehr beweglich (sie ahmen die Bewegungen einer Handsäge genau nach). Die maximale Schnittiefe liegt bei 5 bis 7 cm je Modell, bei einer Kraft von 200 bis 600 Watt. Die Säge besitzt mehrere Geschwindigkeitsstufen, wobei man die langsamste bei den härtesten Materialien einstellt. Mehrere Schnittführungen erleichtern die Arbeit, und die verstellbare Auflageplatte ermöglicht sogar schräge Schnitte.

● **Die Bandsäge:** Diese feststehende Säge ist ein halbprofessionelles Gerät. Das Sägeblatt läuft mit großer Geschwindigkeit auf einer verstellbaren Platte, was zahlreiche Arten von Schnitten ermöglicht. Es ist ein ziemlich gefährliches Gerät mit Schutzeinrichtungen, die man stets vor dem Einstellen überprüfen muß. Man benutzt die Maschine zum Ablängen (Besäumung), aber auch für präzise Schnittvorgänge und Profilschnitte, hierfür genügt es, das Sägeblatt

82 **Korrektes Halten einer Stichsäge.**
83 **Gehrungssägen.**
84 **Verwendung einer Führung als Zirkel.**
85 **Ansetzen mitten in einer Platte.**

84

85

zu wechseln. Auf der Arbeitsplatte befestigte Sägeblattführungen ermöglichen eine Schnitteinstellung. Die Bandsäge eignet sich vor allem für das Schneiden in Serie und fürs Ablängen.

Während die Kreissäge und die Stichsäge allen Heimwerkern gute Dienste tun, ist die Bandsäge vor allem für Schreiner geeignet, die über tiefergehende Kenntnisse verfügen.

86   Kleine Integralbandsäge.
87   Sägen mit der Bandsäge.
88   Halbprofessionelle Tischbandsäge.
89   Profilschnitt mit der Bandsäge.

86

87

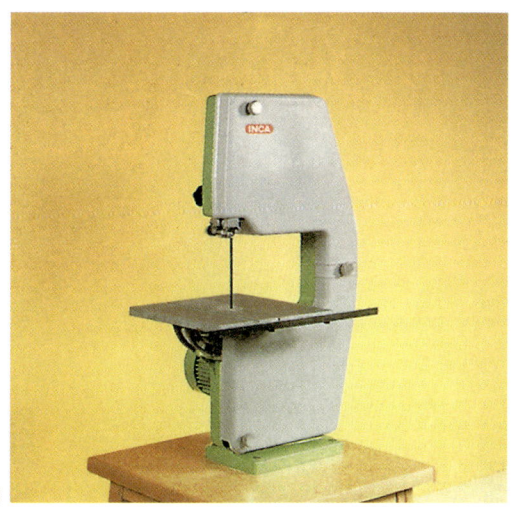

88

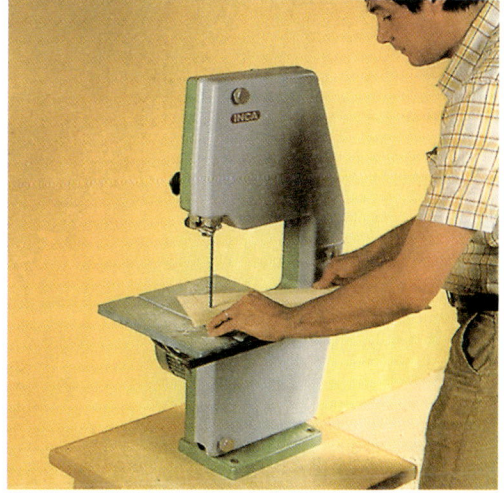

89

Bohrer

Auch wenn die manuellen Bohrwerkzeuge noch immer in Gebrauch sind, wird in den Werkstätten heute fast ausschließlich die Bohrmaschine verwendet. Im Schreiner- und Kunstschreinerhandwerk werden Bohrer vorzugsweise als feststehende Geräte auf einem Gestell benutzt.

Manuelle Werkzeuge. Zu dieser Kategorie zählt man die Werkzeuge, die Löcher von rundem Schnitt auftun.
● **Die Bohrwinde:** Dieses Werkzeug ist eine Kurbel, mit der man auf die Bohrerspitzen eine Kreisbewegung übertragen kann, wobei man einen Druck von oben nach unten ausübt, um in das Material einzudringen. Der obere Teil, auf dem die linke Hand ruht, ist der Stirn- oder Brustknopf; der mittlere Teil, den die rechte Hand hält, ist der Griffzapfen, und der untere Teil, der die Bohrspitze hält, wird als Schaft bezeichnet. Der Schaft von Bohrwinden ist entweder ein viereckiger Pyramidenstumpf, der Bohrspitzen mit Vierkantschaft aufnimmt, oder, was am häufigsten vorkommt, ein selbstschließendes Bohrfutter, das Bohrspitzen mit Rund- oder Vierkantschaft aufnehmen kann. Perfektionsbohrwinden sind mit so-

90   Der Bohrständer.

91

92

91 Anwendung eines flachen Bohreinsatzes.
92 Spiralbohrer mit Zentrierspitze.
93 Ein magnetischer Bit für problemloses Schrauben.
94 Bohren eines Vorlochs mit einem Nagelbohrer.

genannten Sperrhaken ausgestattet; dieses System macht es möglich zu bohren, selbst wenn man mit dem Werkzeug keine ganze Drehung ausführen kann.

• **Die Bohrspitze:** Auf die Bohrwinde werden spiralförmige Bohrspitzen aufgesetzt, die eine große Durchdringungsfähigkeit haben und mit einer konisch zulaufenden Zentrierspitze ausgestattet sind. Dreikantige Bohrspitzen werden für Löcher mit ziemlich großem Durchmesser benutzt; es sind kurze, mit einer Zentrierspitze versehene Bohrspitzen. Bohrer mit Spanabheber dienen vor allem dem Bohren tiefer Löcher in Hirnholz, aber ohne Zentrierspitze sind sie recht ungenau. Verwenden Sie für große Löcher Spiralbohrer mit einer Zentrierspitze und einem verstellbaren Messer, wobei es etwas Übung erfordert, mit diesem Gerät zu bohren.

• **Der Stangenbohrer:** Es handelt sich hierbei um einen großen Spiralbohrer für das Bohren großer Löcher; er hat an seinem oberen Ende ein Gehäuse für einen beweglichen Griff (Wendeeisen), den man mit zwei Händen hält.

• **Der Nagelbohrer:** Dieses leichte Werkzeug mit konischer Schraube ist zum Vorbohren für Schrauben und für Löcher von

93

94

weniger als 7 mm Durchmesser bestimmt. Man verwendet ihn nicht für Holz, das sich leicht spaltet.

Die elektrische Bohrmaschine. Die Wahl ist nicht einfach, da viele Modelle auf dem Markt sind. Was die Holzverarbeitung angeht, so muß die Bohrmaschine weder sehr stark noch das neueste Modell sein. Ein Geschwindigkeitsregler macht es möglich, die Maschine der Härte des Holzes oder des Holzwerkstoffes genau anzupassen: je härter das Holz, um so niedriger die Drehzahl.

Schlagbohrmaschinen sind für die Werkbank eines Schreiners kaum zu empfehlen: das Schlagbolzensystem bekommt Spiel, und der Bohrer dreht sich nicht mehr in derselben Achse, was zu einer Präzisionsminderung führt.

Für Schreinerarbeiten ist es wichtig, gerade zu bohren, was mit einer Handbohrmaschine nicht immer ganz einfach ist, selbst wenn sie vorn mit einem zusätzlichen Griff ausgestattet ist. Daher ist ein Bohrständer, in dem man die Bohrmaschine auf der Werkbank justieren kann, immer zu emp-

95 **Vollelektronische Bohrmaschine.**
96 **Die stufenlose Geschwindigkeitsregelung; Wechselschalter für Schlagbohrer.**

97 **Bohrfutter-Skala: ∅-Vorwahl für schnellen Bohrerwechsel.**
98 **Bohrerdepot im Zusatzgriff.**

95

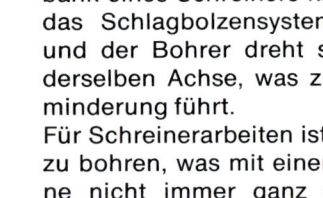

96

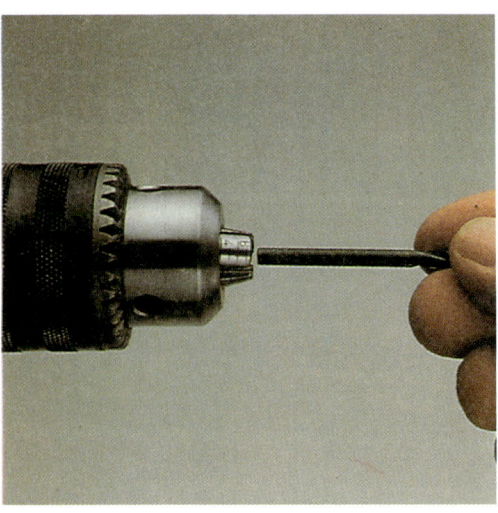

97

98

fehlen. Diese Justierung der Bohrmaschine ist ziemlich einfach: man führt die Nase der Maschine durch einen Ring und stellt hinten eine Schraube fest. So justiert, sind senkrechte Bewegungen entlang des Ständers möglich. Die Bewegungen werden mit Hilfe eines Hebels exakt ausgeführt. Die Bohrtiefe von Sacklöchern wird genau durch direktes Ablesen einer Strichskala gemessen. Die Bohrspitzen von Bohrmaschinen sind spiralförmig, aber ohne Gewindespitze. Das Bohrfutter kann auch verstellbare Bohrer oder Forstnerbohrer aufnehmen, mit denen man große Löcher bohren kann. Man verwendet auch verschiedene Arten von Fräsen oder Versenker. Mit ihnen lassen sich weite Löcher für das Versenken von Schraubenköpfen aushöhlen, aber auch Zapfenlöcher. Bei manchen Bohrständern ist es möglich, mit einer im Bohrfutter befestigten Fräse oder einem Langlochbohrer eine Einkerbung in einem Stück mit Hilfe eines Schlittens oder durch seitliches Verschieben des Werkstücks zu machen.

Man findet unterschiedlich geformte Fräsen (runde, konische, zylindrische), die es ermöglichen, Holz verschiedener Formen zu bearbeiten, sowie Raspeln mit hohler Trommel für das Einpassen von Verbindungen.

99

100

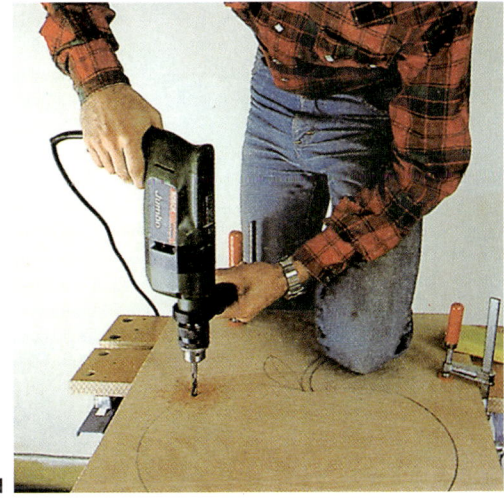

101

99 Justieren einer Bohrmaschine auf einem Bohrständer.
100 Frästisch mit senkrechtem Träger.
101 Freihändiges Bohren.

Hobel

Unter Hobeln versteht man das Abmessern der Holzstücke vor dem Zusammenbau, das heißt streng genommen das Schleifen mit dem Doppelhobel und der Rauhbank und im weiteren Sinn die Arbeit mit dem Putzhobel und der Raspel, die auch zum Abschluß verwendet wird. In den Schreinereien spricht man vom Handwerkszeug eines Tischlers, um die Werkzeuge zum Hobeln zu bezeichnen.

• **Der Doppelhobel:** Er dient dazu, die Stücke grob vorzubearbeiten, um die gewünschten Größen in etwa zu erzielen. Ein Doppelhobel ist 50 bis 60 cm lang. Er ist aus einem Hartholzkörper, auf dem ein Griff sitzt. Das Holz wird durch ein leicht rund geschliffenes Eisen abgehobelt; dieses Eisen wird von einem Gegeneisen gestützt, welches es ermöglicht, die Späne auszuwerfen, wobei das Ganze von einem Holzkeil festgehalten wird.

• **Die Rauhbank:** Sie ist länger als der Doppelhobel und dient dazu, dessen Arbeit zu beenden. Das Eisen ist gerade und nicht abgerundet geschliffen.

• **Der Putzhobel:** Er ist ein Werkzeug zum Verfeinern und zur Oberflächenbehandlung. Er ist leicht und kurz (20 bis 30 cm).

102 Korrekte Handhabung einer Rauhbank.

103

104

Man kann ihn gut dazu nehmen, die Arbeit der Rauhbank zu verfeinern, aber genausogut, um eine Verbindung zu korrigieren. Die Putzhobel sind in der Regel aus Buchen- oder Vogelbeerenholz, wobei letzteres sehr hart, schwer und dauerhaft ist. Dieses Werkzeug besteht aus einem Gestell aus Holz, in dessen Mitte ein Hohlraum ist (das »Hobelmaul«), durch welchen Eisen und Gegeneisen laufen. Die Breite der Eisen variiert je nach Modell zwischen 30 und 50 mm. Das Gegeneisen dient der Späneabfuhr; es muß 2 oder 3 mm von der Schnittkante des Eisens entfernt sein; wenn das Holz leicht splittert, muß der Abstand verkürzt werden.

Das Eisen soll nur knapp aus der Sohle herausragen, etwa einen zehntel Millimeter. Um das Vorstehen des Eisens zu kontrollieren, schaut man in Hobelrichtung flach über die Sohle. Will man das Vorstehen des Eisens verkürzen (zurückgesetzt einkeilen), schlägt man mit einem Holzhammer auf das hintere Ende des Werkzeugs. Um das Eisen etwas weiter herauszulassen, schlägt man vorsichtig auf die Klinge. Die Schneide des Eisens muß parallel zur Sohle sein; die Regulierung der Parallelstellung erfolgt durch Schlagen auf die eine oder andere Seite des Gestells. Eisen und Gegeneisen werden von einem Holzkeil gehalten.

105

106

103 Traditioneller Holzhobel.
104 Kontrolle der Eisenregulierung.
105 Lösen des Eisens.
106 Feststellen des Gegeneisens nach der Einstellung des Eisens.

Heute verwendet man häufig Putzhobel aus Metall (englischen Ursprungs). Diese Hobel sind leicht und haltbar; das Regulieren ist einfacher als bei Holzhobeln, wird es doch mit Hilfe von Schrauben ausgeführt.

● **Nut- und Falzhobel:** Diese Hobelwerkzeuge sind vom Putzhobel abgeleitet, dem sie, von der Form her, ähnlich sind. Nuthobel dienen dem Profilieren von Hölzern, vor allem dem Formen von Nuten und Federn (ein- oder zweiteiliger Nut- und Spundhobel). Mit Falzhobeln lassen sich Falze ausbilden. Man findet in Katalogen noch verschiedene Geräte desselben Typs, die dem Profilieren von Leisten dienen (Karnieshobel, Wolfrachen); es handelt sich dabei um Werkzeuge für ganz spezielle Arbeiten. Der Einsatz von Maschinen hat sie aus den Katalogen verschwinden lassen.

● **Das Schärfen von Eisen:** Die Eisen von Putzhobeln, Rauhbank, dem Doppelhobel und dem Nuthobel werden schräg auf der Schleifscheibe geschärft. Dadurch entsteht ein leichter Metallgrat. Der Grat verschwindet, indem man das Eisen über ein Stück weiches Holz, dann über einen geölten Stein zieht – oder man reibt so lange, bis er glatt ist.

107   Anwendung eines Metallhobels.
108   Arbeiten mit dem Nuthobel.

109   Schärfen des Eisens mit dem Schleifbock.
110   Abziehen mit Hilfe eines Schleifsteins.

107

108

109

110

Raspeln. In der Theorie verwendet der Schreiner keine Raspel, weil alle Verbindungen mit dem Beitel eingepaßt werden sollten. In der Praxis ist sie ein sehr nützliches Werkzeug, mit dem sich die Maße von Werkstücken sehr präzise korrigieren lassen. Die Oberfläche einer Raspel besteht aus kleinen Zähnen, die mehr oder weniger weit auseinanderliegen und mehr oder weniger grob sind. Die mit einer Raspel begonnenen Arbeiten können mit Hilfe einer Feile beendet werden. Es gibt flache, halbrunde oder runde Raspeln (Rundfeile).

Stemmeisen

Um Öffnungen verschiedener Formen auszuhöhlen, zu glätten und um die Maße der Werkstücke genau einzupassen, verwendet man Stech-, Loch- und Hohlbeitel.

● **Stechbeitel:** Das Werkzeug besteht aus zwei Teilen, dem schräggeformten Beitel und dem Heft, das in den Griff hineinragt. Der Beitel ist im allgemeinen aus Gußstahl. Die perfekt polierte Vorderseite mit der Schneide nennt man Blatt. Die Klinge eines Stechbeitels ist stabil, gibt aber dennoch in einem gewissen Maß nach, um ein Brechen der Klinge bei großer Anstrengung zu verhindern. Die Breiten der üblichen Beitel liegen zwischen 15 und 40 mm. Die Griffe sind

111, 112 Anwendung einer halbrunden Raspel.
113 Stechbeitel.
114 Stechbeitel mit gerader Klinge.

112

113

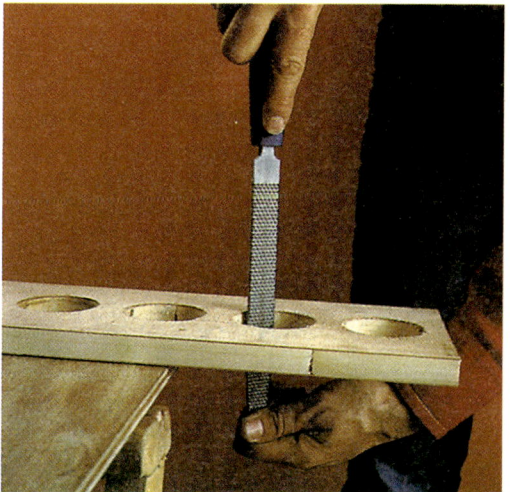

111

114

aus hartem Holz mit Ringen aus Metall oder Plastik. Der Werkzeugkasten eines Schreiners sollte einen Satz Beitel unterschiedlicher Breiten enthalten, damit er die Möglichkeit hat, große wie kleine Einschnitte zu machen. Man darf **nur** mit dem Holzhammer auf den Griff des Beitels hauen, niemals mit einem Eisenhammer, da man andernfalls das Werkzeug schnell kaputtmacht.

● **Lochbeitel:** Ein Werkzeug ähnlich dem Stechbeitel, dessen gerade Klinge aber einen fast quadratischen und keinen rechteckigen Querschnitt hat. Der Lochbeitel ist kräftig und robust und dient vor allem dem Öffnen von Zapfenlöchern. Man sollte über Lochbeitel unterschiedlicher Breite verfügen, denn man verwendet jeweils einen mit genau derselben Breite wie das auszustemmende Zapfenloch; die üblichen Breiten liegen zwischen 15 und 30 mm.

● **Hohlbeitel:** Als Werkzeuge zum Ausstemmen sind Hohlbeitel lediglich Stechbeitel mit einer Krümmung als Querschnitt. Sie werden viel seltener benutzt als normale Beitel oder Lochbeitel und dienen dazu, abgerundete Teile auszustemmen oder um schnell auszukehlen. Auf den Hohlbeitel wird nicht mit dem Holzhammer geschlagen, sondern mit der Hand.

Schleifgeräte

Dazu bestimmt, alle Unregelmäßigkeiten des Holzes zu beseitigen, um es für die Oberflächenbehandlung (Lackieren, Beizen oder Färben) vorzubereiten, wird das Abschleifen mit einem Schleifklotz oder mit der elektrischen Schleifmaschine ausgeführt. Es gibt mittlerweile noch andere moderne Schleifwerkzeuge.

● **Der Schleifklotz:** Aus Holz oder Gummi stellt der Schleifklotz ein Werkzeug dar, bei dem das Schleifpapier durch Aufspannen fixiert werden kann. Es gibt auch Schleifklötze mit breiter Sohle und Griff, wodurch ein schnelles Arbeiten möglich ist. Sie können sich Ihren Schleifklotz gut selber machen und zwar aus einem richtig zugeschnittenen Stück Holz, auf dem das Papier mit Hilfe eines dicken Gummis gehalten

115

116

117

115 Korrekte Haltung eines Stechbeitels.
116, 117 Anwendung eines Lochbeitels.

118 **119**

wird. Für abgerundete Kanten verwendet man ein Rundholz, um das man das Schleifpapier wickelt. Sie sollten in Ihrer Werkstatt eine ganze Mustersammlung von Schleifpapier unterschiedlicher Körnung haben.

● **Schaber:** Es gibt heute Werkzeuge, die ein Mittelding sind zwischen der Raspel und Schleifpapier, wie etwa die Hobelfeilen. Es handelt sich dabei um leichte Werkzeuge mit sehr haltbaren abschleifenden Sohlen. Man kann sie sehr gut zur Bearbeitung von Holzwerkstoffen, aber auch für Massivholz benutzen.

Elektrische Schleifmaschinen. Der Schwingschleifer (oder Rutscher) ist für das Schleifen großer Flächen sehr wertvoll. Es handelt sich dabei um eine leichte, einfach zu bedienende Maschine, die man über die Flächen − fast ohne aufzudrücken − führt. Um gesundheitsschädlichen Staub zu vermeiden, montiert man eine Absaugvorrichtung an das Schleifgerät.
Tellerschleifer verwendet man für Holzarbeiten kaum, weil sie oft Spuren hinterlassen. Bandschleifmaschinen sind sehr wirksam und eher den großen Arbeiten vorbehalten, etwa dem Abschleifen eines Parketts.

120

118 Schleifklotz.
119 Hobelfeile.
120 Sauberes Arbeiten mit Hilfe einer Staubabsaugung durch Schleifblatt und -teller.
121 Schwingschleifer (Rutscher).

121

Anwendung

Die wichtigsten Handgriffe des Schreiners lassen sich relativ schnell lernen. Man muß lediglich die wesentlichen Grundregeln für die Werkzeugbenutzung kennen, um große Irrtümer zu vermeiden. Wenn Sie die folgenden Techniken beachten, werden Sie interessante Arbeiten gut ausführen können. Vergessen Sie jedoch nicht, daß das Arbeiten mit Holz vor allem Sorgfalt und Präzision erfordert.

Die wesentlichen Techniken für die Bearbeitung von Holz entsprechen den im vorangegangenen Kapitel beschriebenen Werkzeugarten.

Anreißen, Anzeichnen

Nehmen Sie sich Zeit zum präzisen Anreißen; überprüfen Sie, wenn es sein muß, mehrmals, ob Sie keinen Irrtum begangen haben: Anreißen bereitet den Zuschnitt des Holzes vor, aber es ist gleichzeitig für den Erfolg der Ausführung ausschlaggebend.

Der Vorentwurf. Bevor Sie die Herstellung eines Möbels oder eines Schreinerwerkstücks angehen, machen Sie sich einen Entwurf. Zeichnen Sie genau alle Teile von verschiedenen Seiten, im Aufriß und in der Perspektive auf. Zeichnen Sie die Maße, die Lage der Schrauben oder des Verbindungszubehörs ein. Nehmen Sie der Einfachheit halber Millimeterpapier und heften Sie

123 Anordnen der Teile gemäß den Markierungen.
124 Anlegezeichen der Stegleisten.

123

124

Ihren Plan über die Werkbank, damit Sie ihn stets vor Augen haben. Gerade beim Erstellen des Plans wird man sich möglicher Probleme bewußt und meist auch der Lösungen.

Anzeichnen und Anlegen. Diese traditionellen Schreinerbegriffe bezeichnen das Aufzeichnen der Linien vor dem Zuschnitt und die Markierung der Teile. Anzeichnen besteht darin, die verschiedenen Teile des zu bauenden Möbelstücks auf den Brettern oder Platten, wenn man einen Holzwerkstoff verwendet, anzureißen. Dieser Arbeitsgang erfordert Überlegung, weil man die Teile auf rationellste Art anlegen muß, um kein Material zu verschwenden. Die sichtbaren Teile des Möbelstücks sollten zudem aus den schönsten Stücken des Holzes genommen werden. Bei dieser Arbeit ist Ihnen der Plan von großer Hilfe. Machen Sie dieses erste Anreißen mit einem Bleistift: die Reißnadel dient dem Präzisionsanreißen, und durch die Dicke der Mine läßt sich der Sägeschnitt mit einkalkulieren. Die Maße sollten mit großer Aufmerksamkeit genommen und überprüft werden: Wenn Sie sich irren, werden Sie den ganzen Zuschnitt von neuem machen müssen, oder das Möbelstück wird wackelig sein. Im allgemeinen ist es ratsam, ganz leicht über die Abmessung hinaus anzureißen, um so zu vermeiden, zu kleine Stücke zu bekommen: man korrigiert dann später mit dem Putzhobel. Trotzdem sollte man dies nicht übertreiben, weil die anschließende Arbeit mit dem Putzhobel recht schwierig ist.

Die Teile anzulegen heißt, sie zu markieren, um sie wiederzufinden. Es gibt allgemeine Zeichen für das Anlegen, aber man kann ebensogut Zahlen und Pfeile verwenden, um die Richtung anzugeben (oben, unten, links, rechts). Das Markieren wird mit Kreide gemacht und zwar auf der Außenfläche. In diesem Augenblick muß man sich also für die Außenseite eines Stücks entschieden haben, das heißt, für seine schönste Seite.

Um keinen Irrtum zu begehen, markieren Sie alle Schnittlinien mit einem Kreuz, um

125

126

127

125 Anlegezeichen eines Mittelpfostens.
126 Wahl der Außenseite eines Pfostens.
127 Anlegezeichen der Pfosten.

128

129

sie nicht mit den vorgezeichneten Linien zu
verwechseln, und schraffieren Sie die wegfallenden Teile rot: Diese Vorsichtsmaßnahme sollte stets eingehalten werden, um zu
vermeiden, daß man aus Versehen ein fal-
sches Stück absägt.

Anzeichnen von Verbindungen. Dieses
nach dem Zuschnitt erfolgende Anzeichnen
muß sehr präzise ausgeführt werden. Man
nimmt dazu die Reißnadel, die feiner als die
Mine ist, den Zirkel oder das Streichmaß.
Beachten Sie die einfachen Regeln:
– Zeichnen Sie immer auf den vier Seiten
eines Stücks an und, falls notwendig, auf
der Stirnseite des Holzes. Um beispielsweise einen Zapfen anzureißen, zeichnen Sie
ihn auf die vier Flächen, andernfalls besteht
die Gefahr, daß der Schnitt an der Basis
nicht auf Gehrung ist.
– Schraffieren Sie die wegfallenden Teile
in Rot und markieren Sie die Schnittlinien
mit einem Kreuz.
– Bedienen Sie sich des Gegenstücks, um
auf dem anderen Holz anzureißen, das hilft
Ihnen, Übertragungsfehler zu vermeiden.
Beispiel: Reißen Sie einen Zapfen an und
schneiden Sie ihn aus, zeichnen Sie dann

130

**128 Anreißen auf einer Platte vor dem Zu-
schneiden.**
129 Anreißen durch Übertragung.
**130 Anreißen zum Unterscheiden der Teile ei-
nes Werkstücks.**
131 Schraffieren der wegfallenden Teile.

131

das Zapfenloch an, indem Sie diesen Zapfen dafür verwenden.

– Verwenden Sie das Streichmaß so oft wie möglich, es ist ein sicheres Instrument. Reißen Sie an, indem Sie es zu sich hinziehen. Vergessen Sie beim Anreißen der Zapfenlöcher nicht, daß Sie sich auf die Breite eines Lochbeitels stützen müssen, die etwa einem Drittel der Stärke des Werkteils selbst entsprechen sollte.

– Um Maße zu übertragen, verwenden Sie einen Bogenzirkel mit Feststellschraube. Der Zirkel ermöglicht zudem das präzise Übertragen von Winkeln wie übrigens auch der Stellwinkel.

– Verwenden Sie für komplizierte Anzeichnungen eine Schablone: Zeichnen Sie die Vorlage auf Millimeterpapier, schneiden Sie sie aus und zeichnen Sie die Form mit Hilfe dieser Schablone auf das Holz auf.

– Große Kreise reißt man mit einem Stangenzirkel an: langer Schenkel mit einem festen Punkt zum Zentrieren und einer beweglichen Spitze zum Anreißen. Wenn man keinen hat, nimmt man eine Holzleiste, fixiert diese mit einem Nagel in der Mitte und

132 Anreißen der Stärke mit dem Streichmaß.
133 Arbeiten mit dem Schreinerzirkel.
134 Anreißen mit einer Pappschablone.
135 Der improvisierte Stangenzirkel.

132

133

134

135

macht sich ein Loch an ihrem äußeren Ende, um die Bleistiftmine durchzustechen; dann dreht man die Leiste und reißt den Kreis an.

Sägen

Zunächst einmal muß man die richtige Säge wählen: eine mit großer Zahnung für grobe Zuschnitte, aber mit sehr feiner für die Verbindungen. Gleich ob Sie den Zuschnitt mit der Hand oder mit der Maschine vornehmen, achten Sie darauf, das Werkstück immer gut zu fixieren, und halten Sie die Säge richtig.

Sägen mit dem Fuchsschwanz. Das Werkstück wird mit Hilfe von Bankhaken auf der Werkbank eingespannt, der Sägeschnitt sollte parallel zum Rand verlaufen; am besten mit ein paar Zentimetern Abstand zu diesem Rand. Wenn das aufgrund der Größe des Werkstücks nicht möglich ist, legen Sie es auf Böcke oder eine solide Unterlage. Vermeiden Sie es, in einer unbequemen oder unsicheren Haltung zu sägen: Sie werden keine gute Arbeit leisten.

136 Der Fuchsschwanz wird von dem Schreiner nach wie vor benützt.

137

138

Fangen Sie an, indem Sie das Sägeblatt an ihren linken Daumennagel anlegen, der nah an der Schnittstelle liegt. Ziehen Sie das Sägeblatt leicht zu sich hin. Die Säge greift in das Holz, wenn Sie sie nach unten wegschieben. Es ist also nicht nötig, auf das Werkzeug zu drücken, wenn man es wieder hochzieht, es genügt zu ziehen. Beim Sägen hält man die Säge in einer 45°-Neigung: In dieser Position arbeiten Sie am effektivsten. Um gerade zu sägen, ohne dabei zu ermüden, halten Sie den Unterarm auf einer Ebene mit der Säge. Arbeiten Sie ruhig und ohne Eile, indem Sie die ganze Länge des Sägeblatts nutzen.

Richten Sie am Ende des Sägevorgangs die Säge fast in die Senkrechte und sägen Sie vorsichtig, indem Sie das abfallende Stück halten, damit es nicht kaputtgeht.

Das zu sägende Werkstück liegt stets mit der Außenseite nach oben, da es manchmal vorkommen kann, daß beim Austreten der Zähne aus dem Werkstück das Holz splittert, das ist dann also die Unterseite.

Das Sägen in der Länge – Längsschneiden – geschieht nach denselben Prinzipien wie das Sägen in der Breite – Querschneiden –, um zu vermeiden, daß das Holz das Sägeblatt sperrt, führen Sie kleine Abstandskeile

137 Führen des Sägeblatts mit dem Daumen.
138 Aufrichten des Sägeblatts am Ende des Sägevorgangs.
139 Ein Sägeblatt mit grober Zahnung.
140 Öffnen der Schnittbahn mit einem Holzkeil.

139

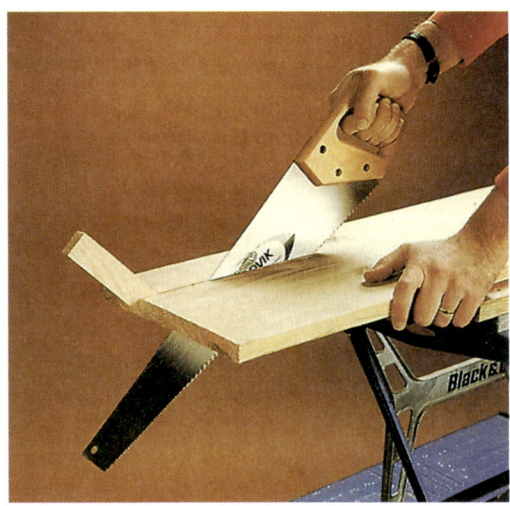

140

im offenen Schnitt hinter der Säge ein. Wenden Sie dieselbe Methode beim Sägen von Span- oder Sperrholzplatten an und stützen Sie sie sicher ab, damit sie beim Auseinandersägen nicht schwingen.

Schwieriges Sägen. Verwenden Sie für das Zuschneiden der Verbindungen eine Schlitzsäge, Gestellsäge oder eine Rückensäge. Um exakt an den vorgezeichneten Linien sägen zu können, müssen die Werkstücke richtig eingespannt werden. So plaziert man, um einen Zapfen zu sägen, das Werkstück senkrecht in den Schraubstock und beginnt das Sägen, indem man die Säge geneigt hält. Am Ende des Sägevorgangs hebt man die Säge in die Senkrechte, um bis an den Fuß des Zapfens zu sägen. Dann legt man das Werkstück flach auf die Werkbank und klemmt es mit dem Bankhaken ein. Man sägt nun, indem man die Säge horizontal hält; dann dreht man das Werkstück und sägt die andere Seite.

Geschweifte Zuschnitte. Man verwendet eine Stichsäge oder noch besser eine Dekupiersäge mit beweglichem Sägeblatt. Zögern Sie nicht, das Werkstück so oft wie nötig zu drehen, um der Linie genau folgen

141   **Arbeiten mit der Gestellsäge.**
142, 143   **Ausführung eines Zapfens mit einer Rückensäge.**
144   **Runde Zuschnitte mit einer Gestellschweifsäge.**

142

143

141

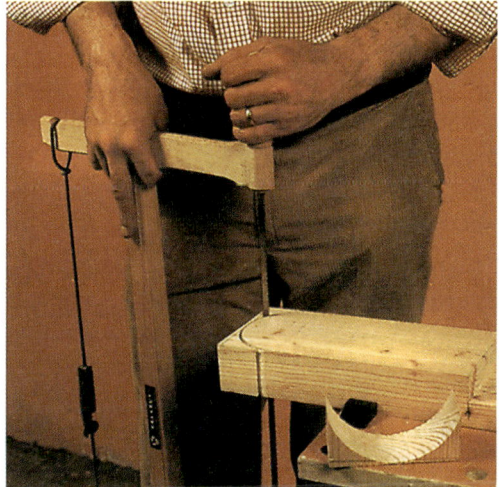

144

145

146

145 Sägen auf Gehrung mit der Rückensäge in einer Gehrungslade.

146 Sägen auf Gehrung mit dem Fuchsschwanz in einer Universalführung.

zu können. Um einen Kreis aus einer Platte zu schneiden, bohrt man ein Loch innerhalb des Kreisrands, um dort das Sägeblatt der Stichsäge einzuführen.

Verwendung einer Führung. Zuschnitte auf Gehrung von kleinen Stücken werden mit der Gehrungslade gemacht, die man auf der Werkbank feststellen muß, und mit einer Rückensäge. Man kann auch eine vielseitig verwendbare Sägeführung mit einem Fuchsschwanz nehmen. Die Führung wird mit einer Schraubzwinge auf der Werkbank befestigt, und das Werkstück wird auf der Führung festgehalten. Man legt den Schnittwinkel fest, indem man den beweglichen Teil der Führung dreht und stellt ihn durch Anziehen der Mutter oder des Rädchens fest. Das Sägeblatt läuft zwischen den senkrechten Führungen, die es stützen. Praktisch sind diese Führungen für das Zuschneiden mehrerer Werkstücke auf einmal.

Sägen mit der Maschine. Um mit der Kreissäge zuzuschneiden, montieren Sie das entsprechende Sägeblatt und prüfen Sie, ob die Schutzvorrichtungen, wie z. B. die bewegbare Haube, in Ordnung sind. Stellen Sie die Schnittiefe ein, die eine Idee größer sein sollte als die Stärke des Werkstücks. Bringen Sie die Säge in Position und stellen Sie sie an, nachdem Sie die Geschwindigkeit gewählt haben.

Das Werkstück muß gut festgestellt sein. Halten Sie die Säge stets mit zwei Händen, das ist das beste Mittel, um sich vor Verletzungen zu schützen. Gehen Sie den Schnitt frei an, indem Sie die Säge laufen lassen, ohne aufzudrücken. Es kann passieren, daß das Sägeblatt sich festsetzt (Knoten im Holz oder Holzspänestau am Sägeblatt). In diesem Fall schaltet sich die Maschine automatisch ab, und Sie können die Säge entfernen. Wenn der Sägevorgang beendet ist,

147 Verwenden der Seitenführung einer tragbaren elektrischen Kreissäge.

147

stellen Sie sofort die Maschine aus (das muß ein Reflex sein).

Beim Sägen liegt die Außenseite immer nach unten, denn das Sägeblatt läßt das Holz oberhalb splittern. Benutzen Sie die seitliche Führung so oft wie möglich und stellen Sie sie genau ein.

Das Sägen mit der Stichsäge ist einerseits einfacher, weil die Maschine leichter ist,

148 Führen einer Kreissäge entlang einer Richtlatte.
149 Einstellen des Neigungswinkels bei einer Kreissäge.
150 Sägen mit einer Stichsäge.
151 Einstellen des Neigungsgrads bei einer Stichsäge.
152 Einstellen der Pendelbewegung.

150

148

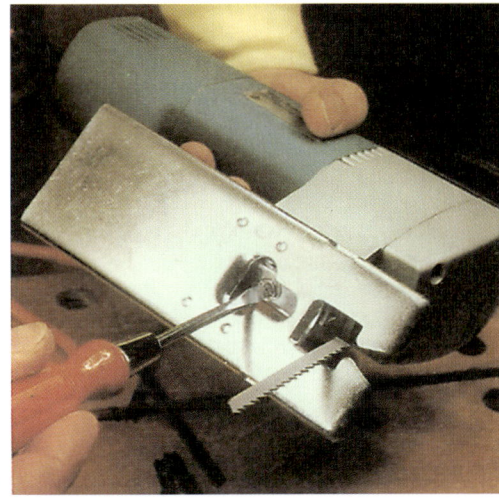

151

149

152

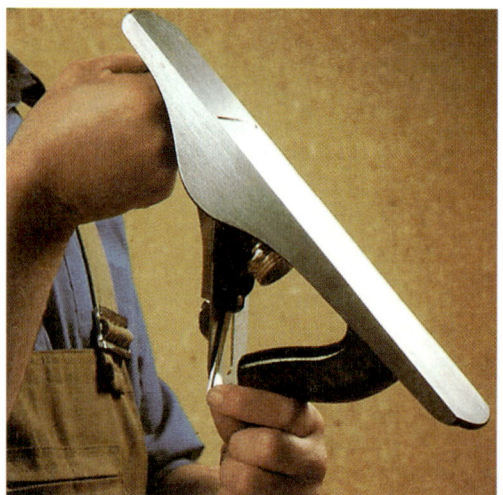

153

154

aber auch komplizierter, weil es schwierig ist, mit einem schmalen Sägeblatt gerade zu sägen. Halten Sie die Säge fest mit zwei Händen und arbeiten Sie vorzugsweise mit der Führung, wobei man für lange Schnitte eine Leiste auf dem Werkstück befestigt, an die man die seitliche Führung anlegt.

Bei Span- oder Sperrholzplatten befestigen Sie vor dem Sägen ein Klebeband auf der ganzen Länge der vorgezeichneten Linie; so lassen sich Splitterungen vermeiden.

Hobeln, Raspeln

Das Abrichten von rohem Holz beginnt mit dem Doppelhobel, geht mit der Rauhbank weiter und hört mit dem Putzhobel auf. Die beiden ersten Arbeitsgänge werden häufig durch die Maschine ausgeführt, aber die Technik bei der Handhabung dieser drei Werkzeuge ist etwa die gleiche. Das Hobeln korrekt auszuführen, ist ziemlich schwierig, während die Arbeit mit der Raspel einfach ist.

Vergewissern Sie sich, daß die Sohle des Hobels glatt ist, und schmieren Sie sie mit Paraffin ein. Befestigen Sie das zuzurichtende Werkstück mit einer Schraubzwinge oder einer Klemme gut auf der Werkbank. Montieren Sie ein dem Material angepaßtes

153 Kontrolle des Hobelmessers.
154 Korrektes Halten eines klassischen Putzhobels.
155 Korrektes Halten einer Rauhbank.
156 Halten eines Hirnholzhobels.

155

156

Hobeleisen. Stellen Sie das Vorstehen des Eisens auf ca. ½ mm ein.

Hobeln ebener Flächen. Das Werkzeug muß mit zwei Händen gehalten werden, wobei die linke auf der Nase führt und die rechte drückt. Hobeln Sie immer in Faserrichtung; wenn Sie merken, daß das Werkzeug ruckartig läuft (man sagt, es »franst«), arbeiten Sie gegen die Fasern: Sie müssen das Werkstück umdrehen. Man muß auf die Nase des Hobels drücken, wenn man tiefer hobeln will; am Ende des Hobelvorgangs hört man auf, mit der linken Hand zu drükken, um perfekt zu glätten.

Hobeln von Schmalseiten. Der Hobel muß flach gehalten werden, die Kante also horizontal gelagert sein. Die linke Hand stützt sich auf das Werkstück, um zu führen und das Werkzeug zu halten. Vermindern Sie am Ende der Kante den Druck auf das Werkzeug, um das Werkstück nicht abzurunden.

Hobeln von Hirnholz. Man muß das Werkstück so hobeln, daß es nicht splittert. Dazu klemmt man auf Stirnhöhe ein Stück Holz mit einer Schraubzwinge gegen das Werkstück fest. Beim Hobeln splittert dann das Stück Holz, und das Werkstück bleibt ganz.

Kontrolle der Oberfläche. Nach dem Hobeln müssen die Oberflächen völlig eben und glatt sein. Um das zu überprüfen, stellen Sie hochkant ein Lineal darauf und schauen Sie nach, ob es keine Zwischenräume gibt. Diese Kontrolle kann man auch mit der Rauhbank machen, die ja, per Definition, exakt ausgerichtet ist. Für kleinere Werkstücke tut es die Sohle des Doppelhobels auch.

Glätten von Kanten. Bei zahlreichen Ausführungen sollten die Kanten aus ästhetischen Gründen gefast werden. Das geschieht mit dem Putzhobel, den man in angeschrägter Haltung leicht über den Grat laufen läßt, was viel Präzision erfordert.

Hobeln mit Nut- und Falzhobel. Diese Werkzeuge werden genauso gehandhabt wie der

157

158

157 Kanten brechen (Fasern).
158, 159 Nuten mit einem Nuthobel.

159

160

Putzhobel; das Ausbilden eines Falzes mit dem Falzhobel oder einer Nut mit dem Nuthobel erfordert ein vorheriges Anreißen. Das Werkstück wird dann auf der Werkbank befestigt. Eine gerade Leiste wird mit Schraubzwingen gegen die Zugrichtung fixiert: sie wird als Führung dienen.

Hobeln mit der Maschine. Die Anwendung eines Elektrohobels ähnelt der eines normalen Hobels. Man stellt die Spanstärke genau ein, die um so kleiner sein muß, je härter das Holz ist (0,5 mm oder etwas geringer für die härtesten Holzarten). Man läßt die Hobelmaschine gleichmäßig über die Holzoberfläche gleiten und kontrolliert mit dem Lineal, ob sie eben ist. Man beendet das Glätten mit einer Spanstärke von $^{1}/_{10}$ oder $^{2}/_{10}$ mm. Vergessen Sie nicht, daß der Hobel sich immer noch dreht, wenn er eingeschaltet ist, und daß er, wenn er auf Holz kommt, dieses aushöhlt. Lassen Sie die Maschine daher nie an einer Stelle stehen, es würde sonst zu nur schwer auszugleichenden Vertiefungen kommen.
Dem professionellen Arbeitsmaterial des Schreiners sehr nahe, kann man mit der Abricht-/Hobelmaschine gute Arbeitsergebnisse erzielen. Sie ermöglicht vor allem das Richten von Werkstücken großer Breite, die mit einem einfachen Hand- oder Elektrohobel nur schwer plan zu bearbeiten sind. Das

161

Holz wird gegen einen sich drehenden Zylinder gedrückt, der mit geschärften Klingen versehen ist. Die Maschine hat einen oberen und einen unteren Tisch. Wenn man das Stück Holz über den oberen gleiten läßt, nimmt man eine Grobbearbeitung der Oberfläche (Abrichten) vor. Das eigentliche Abhobeln geschieht auf dem unteren Tisch, auf den das Stück Holz automatisch vorgeschoben wird.

Raspeln. Die Bearbeitung von Holz mit der Raspel ermöglicht das Korrigieren von kleinen Oberflächen, eines Balkenkopfes oder einer Zapfenwange beispielsweise. Die Raspel wird genauso gehalten wie die Metallfeile: der Griff in der rechten Hand (in der Ver-

160   Abrichten mit einer Maschine.
161   Hobeln.
162   Der Gebrauch einer halbrunden Raspel.

162

längerung des Arms), die linke hält das äußere Ende, um das Werkzeug zu führen und den Druck zu verteilen. Die Raspel spant das Holz beim Schub ab (drücken Sie also beim Ziehen nicht darauf). Arbeiten Sie in langen Zügen, ohne dabei zu sehr auf die Raspel zu drücken, da ein starkes Gewicht die Werkstücke abrundet. Verwenden Sie keine Raspel mit zu grober Körnung, da sie die Fasern tief aufreißt. Bedenken Sie, daß manche Hölzer wie Nadelhölzer die Zähne der Raspel mit Holz verstopfen; man muß sie daher von Zeit zu Zeit mit einer Metallbürste reinigen.

Halten Sie beim Raspeln von Kanten die Klinge genau waagerecht und etwas schräg zum Holz, damit sie eine bessere Auflage hat.

Hobelfeilen mit offenen Zähnen haben eine höhere Arbeitsleistung als ein normaler Hobel; man handhabt sie auf die gleiche Weise. Das Arbeitsergebnis ähnelt der Bearbeitung mit der Raspel, denn das Holz bleibt geriffelt.

163 Der Gebrauch einer flachen Raspel.
164 Rasierklingen-Hobel.

165 Der Gebrauch einer Hobelfeile.
166 Auswechseln der Schleifsohle.

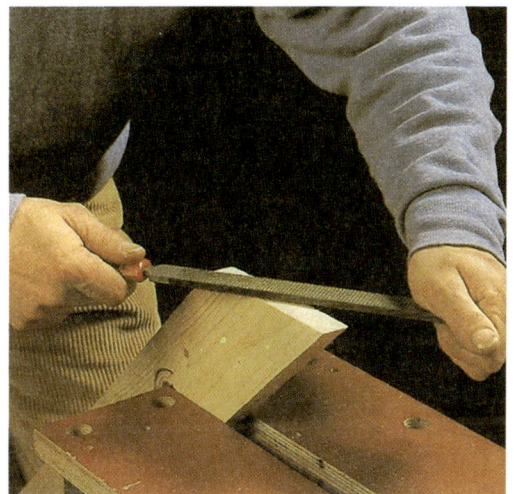

163

164

165

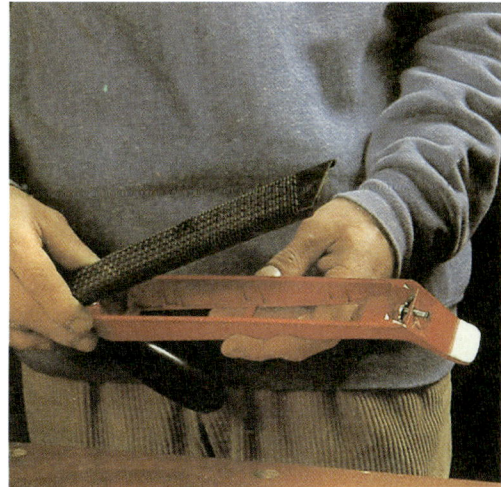

166

Bohren

Die elektrische Bohrmaschine hat in allen Anwendungsbereichen die anderen Bohrwerkzeuge weitgehend ersetzt; sie ist ein leichtes, praktisches, wenig gefährliches und leicht benutzbares Werkzeug. Wenn man nur eine kleine Bohrmaschine ohne Halterung besitzt, ist es wahrscheinlich sinnvoller, sich der Bohrwinde zu bedienen, da sie präziser arbeitet. Übrigens stellt man in der Praxis fest, daß derjenige, der etwas Übung hat, mit der Bohrwinde ebenso schnell bohrt wie mit der Bohrmaschine.

Bohren mit der Bohrwinde. Das Gerät muß senkrecht gehalten werden, wobei das Werkstück auf der Werkbank oder einem Tisch liegt und eingespannt ist. Verwenden Sie einen dem Material angepaßten Bohrer auf Bohrfutter oder Vierkantstumpf. Die linke Hand hält den Stirnkopf und die rechte den Drehgriff. Zentrieren Sie den Bohrer und drücken Sie darauf, damit die Spitze eindringt. Beginnen Sie durch leichtes Drehen zu bohren und beschleunigen Sie dann. Üben Sie mit der linken Hand einen nicht zu starken Druck aus. Bei einer Durchgangsbohrung muß man zum Ende hin die Bewegung verlangsamen, um Splitter zu vermeiden. Will man mit der Bohrwinde gut bohren, so muß man im allgemeinen die Kurbel ziemlich schnell drehen und dabei stets einen gemäßigten Druck ausüben,

da zu starker Druck das Festsetzen des Bohrers zur Folge hat. Der Vorteil der Bohrwinde ist, daß man bei ihr die Richtung besser einhalten kann als bei einer Bohrmaschine ohne Halterung. Am besten bohrt man jedoch damit tiefe und große Löcher, unter weiterer Hilfe eines Forstnerbohrers oder eines Schlangenbohrers.

Holzwerkstoffplatten lassen sich sehr gut mit der Bohrwinde durchbohren, aber um ein Abstumpfen der Bohrer durch Harze zu vermeiden, kann man auch eine Ausschweifgarnwinde aus Metall mit einem Mehrzweckbohrer verwenden.

Bohren mit der Bohrmaschine. Stellen Sie das Futter des Bohrers mit Hilfe des Bohrfutterschlüssels gut fest und wählen Sie die entsprechende Geschwindigkeit. Bei Bohrmaschinen mit einer hohen Umdrehungszahl wählt man für die meisten Hölzer, außer den sehr harten, eine hohe Geschwindigkeit. Wenn das Gerät mit einem Geschwindigkeitsregler ausgestattet ist, empfiehlt sich eine Umdrehungszahl von etwa 3000 U/min für ein helles Holz.

Das zu bohrende Werkstück muß richtig eingespannt sein, um ein Wegrutschen zu vermeiden; die Außenseite muß oben sein, da der Bohrer das Holz beim Austreten splittern läßt. Um die Werkbank zu schützen und Splitterungen zu vermeiden, legen Sie bei der Durchgangsbohrung Unterlegklötzchen unter das Werkstück. Man kann auch

167 Bohren mit einer Bohrwinde.

168 Der Gebrauch eines ausziehbaren Bohrers.

167

168

eine Unterlage an jeder Seite plazieren und sie mit einer Schraubzwinge festhalten. Das so eingebettete Werkstück erhält nun beim Bohren ein Loch mit absolut glatter Einfassung.

Um gerade zu bohren, muß man die Bohrmaschine mit zwei Händen senkrecht halten. Legen Sie die Bohrerspitze genau auf die Markierung und drücken Sie nur leicht auf – Holz ist ein eher weiches Material. Bohren Sie relativ langsam, damit der Bohrer Zeit hat, die Späne auszuwerfen. Bei sehr hartem Holz, Buche beispielsweise, muß man mit einem Nagelbohrer ein kleines Loch bohren, um den Bohrer zu zentrieren. Dann kann er nicht abrutschen.

Die Anschlagvorrichtung. Um Sacklöcher (nicht durchgehende Löcher) zu bohren, muß man die Eintrittslänge des Bohrers messen können. Man verwendet kleine Anschlagringe um die Bohrer, die man vor- oder zurückschiebt. Sollten Sie keine haben, benützen Sie einen Ring aus Klebeband oder einen durchbohrten Korken. Bei Verzapfungen müssen die gebohrten Löcher etwas länger als die Zapfen sein; Vorbohrungen für Schrauben müssen dagegen kürzer als diese sein.

Arbeiten mit dem Bohrständer. Praktisch unentbehrlich, sobald man etwas komplizierte Ausführungen unternimmt, die Präzision erfordern, ist der Bohrständer für zahlreiche Arbeiten. Am Sockel des gußeisernen Gestells kann man einen Schraubstock zum Halten von Werkstücken befestigen. Die in dem Ständer fixierte Bohrmaschine wird durch einen Hebel auf das Werkstück abgesenkt. Eine Maßeinteilung ermöglicht das direkte Ablesen der Bohrtiefe.

Der Ständer ist ideal für schwierige oder sich wiederholende Bohrungen. Die Geschwindigkeit muß ziemlich niedrig sein. Bohren Sie durch langsames Absenken des Hebels.

Fräsen. Dieser Arbeitsgang besteht darin, Löcher verschiedener Formen zu bohren, indem man den Bohrer der Bohrmaschine durch eine Fräse ersetzt. Man fräst vor allem Schraublöcher aus, um die Schraubköpfe versenken zu können. (Es gibt Spezialbohrer, mit denen man zugleich bohren und den Eingang eines Lochs fräsen kann.)

Bohren von Holzwerkstoffen. Stellen Sie zum Bohren in Sperrholz-, Verbund- oder Spanplatten eine recht niedrige Geschwindigkeit ein. Drücken Sie bei Spanplatten fast gar nicht auf die Bohrmaschine, da der Bohrer sehr leicht eindringt. Legen Sie Unterlegklötzchen unter die Platten.

169   Der Gebrauch eines Bohrständers.

170   Bohren mit Tiefenstop.

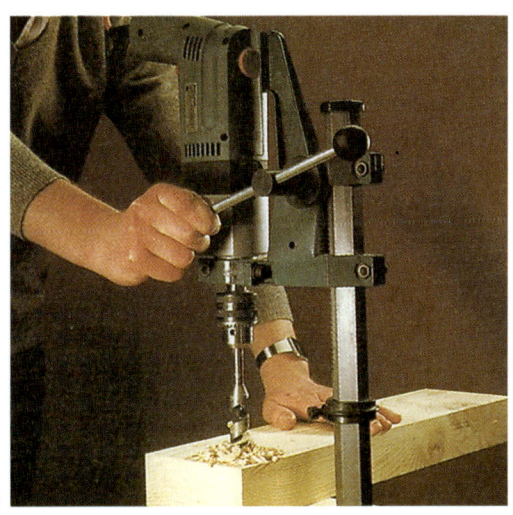

169

170

Ausstemmen

Die Arbeit mit dem Stechbeitel (Ausstemmen für Verbindungen) ist eine Technik, die man leicht beherrscht, unter der Bedingung, daß man mit großer Genauigkeit arbeitet. Man schneidet das Holz ein, um ein Zapfenloch auszustemmen, um den Einschnitt einer Schlitz- und Zapfenverbindung oder eine Vertiefung für Hakenbänder herzustellen. Ausstemmen dient aber auch dazu, Werkstücke, beispielsweise die Wange eines Zapfens, zu korrigieren.

Der Gebrauch des Stemmeisens. Die Klinge des Stemmeisens wird senkrecht gehalten, um die Fasern durchzutrennen. Man schlägt dann mit dem Holzhammer auf den

Griff. Um die Späne herauszuheben, wird das Eisen mit nach unten zeigender Schrägfläche geneigt. Es wird mit der Hand oder dem Holzhammer in das Holz geschlagen. Man ebnet dann den Boden der Einkerbung, indem man das Eisen ganz flach über das Holz führt, um die feinen Späne zu entfernen. Heben Sie kleine Späne ab und hauen Sie nicht zu fest mit dem Holzhammer, um ein Splittern des Holzes zu vermeiden. Wenn die Einkerbung nicht innerhalb des Werkstücks ist, werden die Seitenwände in der Regel mit der Säge ausgeschnitten: Das Eisen dient dann dazu, den Rest zu entfernen. Man kann ein paar parallele Einschnitte mit der Säge vornehmen, um das Ausstemmen mit dem Eisen zu erleichtern. Man versucht stets, das Eisen in Faserrichtung einzuschlagen und nicht quer dazu, weil sonst das Holz reißen könnte. Der Boden muß ganz eben sein, aber nicht abgeschliffen; tatsächlich ist es sogar besser, wenn die Fasern aufgerichtet sind, weil so die Verleimung besser hält.

Zapfenlöcher mit dem Lochbeitel. Ein Zapfenloch ist eine Einkerbung mitten in einem Werkstück, das man nicht mit der Säge ausschneiden kann. Man öffnet es mit einem Lochbeitel in der Breite des Zapfenlochs. Stellen Sie das Werkstück mit dem Bankhaken auf der Werkbank fest. Beginnen Sie die Einkerbung mit dem oberen Ende des

171, 172 Stemmen mit dem Stechbeitel.
173 Arbeiten mit dem Lochbeitel.

Zapfenlochs, wobei der Lochbeitel senkrecht mit der Faser nach innen steht. Schlagen Sie leicht mit dem Holzhammer darauf, um die Fasern durchzutrennen. Führen Sie diesen senkrechten Schnitt knapp am Innenrand der Markierung entlang aus (1 Millimeter). Stellen Sie den Lochbeitel dann schräg und heben Sie kleine Späne aus, indem Sie die Klinge hin zu dem senkrechten Schnitt drücken. Wenn Sie die gewünschte Tiefe erreicht haben, drehen Sie das Werkstück um und höhlen Sie auf die gleiche Art die andere Seite des Zapfenlochs aus. Bleibt nur noch, den Boden zu ebnen.

Um ein durchgehendes Zapfenloch zu öffnen, höhlt man zunächst bis zur Hälfte der Gesamtstärke aus, dann dreht man das Werkstück um und höhlt von der Rückseite aus.

Endarbeiten mit dem Stemmeisen. Wenn das Zapfenloch mit der Bohrmaschine herausgearbeitet wurde, durch eine Reihe von parallelen und nebeneinanderliegenden Löchern, muß man die Endbearbeitung mit dem Stech- oder dem Lochbeitel vornehmen, damit die Einkerbung rechteckig wird. In diesem Fall handhabt man das Eisen ohne zu schlagen, um die Einkerbung auszugleichen und zu ebnen.

Einkerben mit der Oberflächenfräse. Die Maschine ersetzt das Stemmeisen, um Ver-

tiefungen für Türbänder, Einkerbungen in der halben Tiefe des Holzes oder Schlitz- und Zapfenverbindungen herzustellen. Um breite Einkerbungen bis in die halbe Tiefe des Holzes auszuformen, muß man mehrfach in parallelen Bahnen über das Werkstück gehen, das sicher festgestellt ist. Das Ausheben von Zapfenlöchern mit der Oberflächenfräse erfolgt schnell, aber man muß jedes Ende mit dem Lochbeitel bearbeiten: da die Fräse rund ist, rundet sie die Öffnung an jedem Ende ab. Man macht dann eine Endbearbeitung mit dem Stechbeitel.

Schleifen

Der Schreiner verwendet häufig Schleifpapiere: er muß schleifen, dem Werkstück den

174, 175, 176 Aushöhlen eines Zapfenlochs mit dem Lochbeitel.

175

174

176

177   Falten des Schleifpapiers.

178   Manuelles Schleifen einer Krümmung.

letzten Schliff geben, damit keine Linien der Anzeichnungen oder Werkzeugspuren (Klingenhiebe) mehr zu sehen sind. Mit dem Schleifen wird das Holz vorbereitet, um mit Lack, Beize oder Farbe überzogen zu werden. Darüber hinaus lassen sich Flecken, Kratzer oder Brandspuren auf dem Holz entfernen.

Das richtige Schleifpapier. Normales Sandpapier ist nicht teuer und eignet sich für die Bearbeitung der meisten Hölzer und Holzwerkstoffe (hellbeiges Papier). Gelbe oder orange Schleifpapiere sind Korundpapiere (Papiere aus wasserfreier Tonerde), was Haltbarkeit und Qualität verbessert. Die schwarzen Papiere mit Siliziumkarbid sind sehr hart und eher für sehr harzhaltiges Holz, das dazu neigt, die Körner zu verschmutzen, geeignet. Schleifleinen wird ausschließlich zur Bearbeitung von Metallen verwendet. Ob Sie nun Schleifklötze oder eine Maschine verwenden, Sie benötigen in jedem Fall einen kompletten Satz Schleifpapiere verschiedener Körnung. Sehr sorgfältiges Schleifen wird in der Kunstschreinerei mit Schleifpulver abgeschlossen, das man mit einem Verteilerballen über die Oberfläche reibt. Dieses Pulver, das auch als Porenfüllstoff dienen kann, ist nur in Holzfachgeschäften erhältlich.

Manuelles Schleifen. Befestigen Sie das Blatt Sandpapier auf dem Schleifklotz oder falten Sie es in vier Teile, wenn es sich um

ein gewölbtes Teil handelt, und es einfacher ist, mit der Hand zu schleifen.
Beginnen Sie den Schleifgang mit einem ziemlich groben Sandpapier, das die Oberfläche von allen Unregelmäßigkeiten befreien wird. Schleifen Sie mit dem Klotz nur Bahnen in Faserrichtung. Wechseln Sie dann zu einem feineren Papier. Ein sehr sorgfältiger Schleifgang mit Papier von vier oder fünf Korngrößen wird stets mit einem sehr feinen Papier beendet, wobei die Körnung immer auf der Rückseite des Blattes steht. Wenn Sie feststellen, daß das Sägemehl das Schleifpapier verstopft, schlagen Sie es gegen eine harte Fläche.
Holz wird im allgemeinen trocken abgeschliffen; wenn es sich jedoch um ein altes Möbelstück handelt, das verschmutzt ist, befeuchtet man das Papier durch Eintauchen in Wasser. Bei sehr feinen Abschliffen in der Kunstschreinerei führt man den letzten Arbeitsgang naß aus, das heißt, mit Wasser oder Vaselinöl, besonders wenn man dazu Schleifpulver verwendet. Die Feuchtigkeit richtet die Holzfasern auf, die dann völlig abgeschliffen werden können. Dies kann man auch mit verdünntem Wasserstoffperoxid machen, durch das sich die Fasern noch besser aufrichten.

Schleifen besonderer Oberflächen. Zum Schleifen der Kanten wendet man dieselbe Technik an wie zum Hobeln; man muß den Klotz gerade und mit zwei Händen halten

179

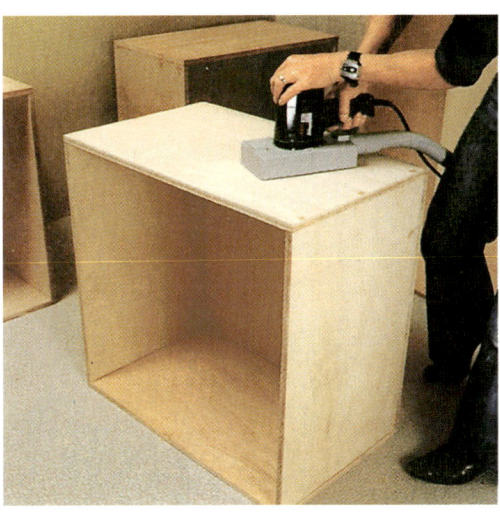

180

179 Schleifen mit einem Schleifklotz.

180 Der Gebrauch einer Schleifmaschine mit Absaugvorrichtung.

und am Ende der Bahn weniger stark aufdrücken, um ein Abrunden des äußeren Endes zu vermeiden. Um Kanten eines kleinen Werkstücks zu schleifen, ist es einfacher, das Schleifpapier mit Reißzwecken auf der Werkbank zu befestigen und das Werkstück dann darüberzuziehen. Das Schleifen im Inneren von Rillen geschieht, indem man das Schleifmaterial auf einem Stück mit abgerundeter Kante passender Größe befestigt.

Schleifen mit Maschinen. Während der Schleifklotz für Werkstücke mittlerer Größe sehr gut geeignet ist, sind Schleifmaschinen für große Flächen eindeutig besser; sie lassen einen viel Zeit sparen.

● **Der Schwingschleifer:** Er liefert die besten Ergebnisse und wird mit rechteckigem Schleifpapier, welches vorgefertigt oder aus üblichen Bogen auszuschneiden ist, bestückt, das man auf jeder Seite der Sohle mit einer Klammer befestigt. Wenn das Schleifgerät einen Geschwindigkeitsregler hat, verwenden Sie eine langsame für die sehr harten Hölzer. Geschliffen wird in mehreren Gängen, da man mit einem grobkörnigen Sandpapier anfängt und mit einem sehr feinkörnigen aufhört. Die Schleifmaschine, mit zwei Händen gehalten, bedeutet eine sichere Führung auf der Oberfläche. Man sollte nicht daraufdrücken – oder nur sehr leicht –, um den Motor nicht zu ermüden, denn das Schleifen wird dadurch nicht besser.

Führen Sie die Schleifmaschine in Faserrichtung über das Werkstück, da die Schwingungen die Querbewegungen erzeugen. Achtung! Der Staub gewisser Hölzer, von Holzwerkstoffen insbesondere, kann für den Menschen sehr schädlich sein; lüften Sie deshalb den Arbeitsplatz und tragen Sie eine Maske, wenn die Maschine keine Absaugvorrichtung hat.

● **Der Tellerschleifer:** Er ist für einen Schreiner schwieriger zu gebrauchen, zahlreiche Heimwerker verwenden ihn dennoch, weil eine Schleifscheibe leicht auf eine Bohrmaschine montiert werden kann. Man muß gleichmäßig schleifen, ohne Unebenheiten ins Holz zu machen. Prüfen Sie zuerst, ob die Schlagvorrichtung nicht eingeschaltet ist. Setzen Sie dann auf dem Holz an, indem Sie den Teller leicht neigen und ihn regelmäßig und langsam fortbewegen. Es gibt Teller mit kippbarer Anschlagplatte oder in Schaumstoff, die für das Abschleifen ebener Flächen konzipiert wurden. Bleibt zu sagen, daß der Tellerschleifer sich eher für die Reinigung einer Fläche eignet als für deren Endbearbeitung.

● **Die Bandschleifmaschine:** Sie muß kräftig mit zwei Händen gehalten werden und das Werkstück entsprechend fixiert sein. Das erfolgte Schleifen ist ein grobes Reinigen der Oberfläche, welches im wesentlichen an neuen und alten Brettern angewandt wird.

Verbindungsarten

Obwohl zahlreiche Zubehörteile heutzutage die Herstellung von Möbeln weitgehend erleichtern, bleiben die traditionellen Verbindungstechniken die Grundlage einer jeden echten Schreinerarbeit.

Fast alle Verbindungen sind verleimt, außer den zerlegbaren; die Wahl des Leims, seine Anwendung und das Pressen der Werkstükke während der Trocknung sind also wesentliche Bestandteile des Schreinerhandwerks. Die Verbindungen werden häufig durch Metall- oder Holzteile verstärkt: Schrauben, Lagerzapfen, Schraubbolzen mit Spreizdübeln, Verbindungsglieder.

Leimen

Kunstschreiner verwenden häufig warm abbindende Leime, da sie von großer Haltbarkeit sind. Die Anwendung von kalt abbindenden Vinylleimen ist einfach, aber man muß trotzdem gewisse Regeln kennen und befolgen, damit die Verleimung hält.
Tragen Sie den Leim mit einem festen und sauberen Pinsel auf. Der verwendete Leim muß in Ordnung sein; benutzen Sie keine zu alten und ausgetrockneten Leime. Die aufgetragene Leimschicht soll dünn sein: Leim, der herausläuft, leimt nicht! Das verleimte Holz hält nur, wenn es sauber und entfettet ist: aus diesem Grund wird es vorher geschliffen und entstaubt. Arbeiten Sie nicht in einem feuchten Raum und bei zu niedrigen Temperaturen: selbst kalt abbindende Leime sind wärmeempfindlich. Wenn es kalt und feucht ist, bildet sich ein »Taupunkt«, das heißt, eine Kondens-

schicht auf dem Klebstoffilm, der das Haften verhindert. Langholz muß vorher aufgerauht werden, das heißt, man ritzt die Oberfläche mit Hilfe eines gezahnten Eisenhobels auf (siehe das Kapitel über Hobeln) oder mit einer harten Metallbürste. Bei Hirnholz kann es nützlich sein, vorzuleimen, das heißt, eine erste Schicht Leim aufzutragen und trocknen zu lassen, be-

182 Leimen einer einfachen Schwalbenschwanzverbindung.

182

183

184

183 Verwendung von Schraubzwingen.

184 Pressen mit einer Werkbankpresse.

vor man die zweite Leimschicht aufs Holz streicht; Hirnholz neigt nämlich dazu, den Leim »aufzusaugen«. Das Vorleimen wird häufig bei Spanplatten praktiziert, was ja ein sehr poröses Material ist.

Pressen

Vinylleime, selbst schnell abbindende, lassen Ihnen Zeit, die beiden Teile in die richtige Lage zu bringen. Danach muß man sie zusammenpressen. Verwenden Sie Schraubzwingen oder die Werkbankpresse. Wenn die Schraubzwinge Metallbacken hat, fügen Sie kleine Holzscheibchen dazwischen, um die Oberflächen zu schützen. Vermeiden Sie jede Berührung zwischen dem Vinylleim und Metallteilen der Schraubzwinge (Gefahr von Rostflecken). Sobald das Werkstück eingespannt ist, wischen Sie die Leimreste mit einem feuchten Tuch ab.

Die minimale Preßdauer beträgt 2 Stunden (bei 20°) für normalen Vinylleim und 15 Minuten für schnell abbindenden. Bei Zweikomponentenklebern liegt die Preßdauer höher (um 3 Stunden). Bei Kontaktklebern ist das Pressen nicht unbedingt notwendig, aber es ist immer empfehlenswert. Bei manchen Verbindungsarten führt man beim Pressen feine Stifte halb in die beiden Werkstücke ein, die man nach dem Trocknen wieder herauszieht. Die verleimt-ver-

schraubten Verbindungen werden nicht gepreßt.

Wenn man komplizierte Gegenstände verleimen muß, ist das Pressen oft nur mit Hilfe von unterschiedlichen Schraubzwingen (mit kurzem oder langem Stil), von Werkbankpresse, provisorischen Nagelungen und sogar Schraubzwingen mit Gurt möglich. Bedenken Sie, daß das Pressen eines Rahmens eine spezielle Schraubzwinge, genannt »Rahmenzwinge«, erfordert.

Leimen und Kleben von Furnieren

Diese Arbeit gehört in den Bereich der Kunstschreinerei, und der Heimwerker verwendet im allgemeinen bereits furnierte Platten. Wer es dennoch versuchen möchte, sollte Schichtpreßstoffblätter mit einem Kontaktkleber auf Platten kleben. Man nimmt also eine doppelte Leimung in dünnen Schichten vor, mit Hilfe eines Pinsels oder einer Spachtel für große Flächen. Wenn der Kleber also handtrocken ist, d. h., keine Fäden mehr zieht, richten Sie die Blätter aus, indem Sie Unterlegscheiben aus Pappe auf die Platte legen. Wenn die beiden Teile sich decken, nehmen Sie die Unterlegscheiben weg und schlagen Sie mit einem Holzhammer auf die ganze Oberfläche. Man kann auch eine feste Platte auf die Schichtpreßstoffplatte legen und mit Schraubzwingen zusammenpressen. Der

185

186

185   Nageln nach dem Leimen.

186   Eintreiben eines Nagelkopfs.

Schreiner furniert vor allem Kanten mit Um-
leimern, die er mit Hilfe eines Bügeleisens
aufbügelt.

Fixieren (Nageln)

Bei zahlreichen Ausführungen, die keine
sehr sorgfältige Ausarbeitung verlangen,
wählt man die genagelte Verbindung, und
da vor allem die sehr einfach zu machende
genagelte Überblattung.

Welche Nägel? Für grobe Schreinerarbeiten kann man Breitkopfnägel nehmen, deren Köpfe sichtbar bleiben. Für Verbindungen nimmt man Drahtstifte mit zylindri-
schen Köpfen, die man vollständig im Holz
versenkt. Für Sperrholzplatten kann man
normale Nägel verwenden. Man sollte aber
keine Nägel in die Schmalseiten von Platten
hauen, die dünner als 10 mm sind, da sie
reißen könnten. Nageln Sie Spanplatten mit
Spezialnägeln, bestehend aus Gewinde mit
Schneidkante und gehärteten Spitzen. Da
Spanplatten schlecht zu nageln sind, sollten Sie die Nageldichte erhöhen. Verwenden Sie für den Außenbereich galvanisierte,
gegen Oxidation geschützte Kupfernägel.

Wie nageln? Um eine maximale Festigkeit
zu erzielen, schlagen Sie die Nägel schräg
ein und wechseln die Neigung der Spitzen
ab.

Wenn man zwei Platten rechtwinklig verna-
gelt, dringt die Spitze der Nägel in die
Schmalseite der zweiten Platte ein. Man
muß also die Nägel genau in die Mitte der
Schmalseite schlagen, damit das Holz nicht
reißt. Am sichersten ist es, eine Linie auf der
darüberliegenden Platte zu zeichnen, die
der Nagellinie entspricht. Der Abstand dieser Linie vom Rand entspricht der halben
Stärke der Schmalseite.
Wenn man in dünne Platten nagelt, beispielsweise in Furniere, muß man den Nagel stauchen: man dreht ihn mit der Spitze
nach oben und haut ein paar Mal mit dem
Hammer darauf, um sie abzustumpfen; so
vermeidet man es, das Werkstück zu
spalten.
Wenn man zwei Teile verbindet, ist es oft
einfacher, die Stifte zur Hälfte in das erste
Teil einzuschlagen, es in Position zu bringen und dann die Stifte mit dem Hammer
ganz einzuschlagen.
Verwenden Sie für das Nageln an schwer
zugänglichen Stellen eine Nagelführung.
Wenn Sie keine haben, stechen Sie die Spitzen durch ein Rechteck aus Karton, und
schon haben Sie einen Abstandhalter, der
sich auch für sehr kleine Stifte eignet.
Um Stifte zu versenken, verwendet man einen Versenker entsprechender Größe. Die
Köpfe müssen sorgfältig unter die Oberfläche versenkt werden, damit man sie ver-
kitten kann.

Verschrauben

Schraubverbindungen bestehen darin, ein durchgehendes Loch in das erste Stück zu bohren, durch das die Schraube geführt wird, damit sich das Gewinde im zweiten festsetzt. Man verbindet häufig durch Verleimen-Verschrauben, aber Schrauben dienen auch dazu, ausgefeiltere Verbindungen zu verstärken.

Dank dem Gewinde, das sich in die Fasern des Materials eindreht, ist Verschrauben haltbarer als Verleimen. Aus diesem Grund ist es dem Vernageln immer vorzuziehen. Die Möglichkeit des Auseinanderbauens ist ein weiterer, für manche Möbel sehr nütz-

licher Vorteil. In dem Fall darf aber nicht verleimt werden. Zudem werden Sie Eisenwarenteile zu verschrauben haben: Scharniere, Griffe und Riegel.

Welche Schrauben? Die »Kraft« einer Schraube hängt zu einem Teil von der Länge des Gewindes ab, das sich ins Holz eindreht.

Sie sollte höchstens etwa zwei Drittel der Breite des Werkstücks betragen. Wenn Sie an einer Schmalseite schrauben, halten Sie den Durchmesser der Schraube auf $^6/_{10}$ der Stärke, um ein Ausreißen zu vermeiden. Eine Schraube, die in eine Schmalseite geschraubt wird, sollte eher lang und dünn sein, während eine, die mitten in ein dickes Stück geschraubt wird, eher kurz und dick sein sollte.

Im übrigen wählt man die Schraube je nach Art der Arbeit: Ziemlich grobe Ausarbeitungen werden mit Linsen- oder Rundkopfschrauben verstärkt, die sichtbar bleiben, während für feinere Ausführungen die Verwendung von Senkkopfschrauben, die in dem Werkstoff versenkt werden, angebracht ist. In manchen Fällen jedoch kann die Schraube auch sehr dekorativ sein: das gilt beispielsweise für große verchromte Schrauben, die dazu dienen, Gartenmöbel zu verstärken. Die Verbindung von großen

187 Vorbohren mit einem Nagelbohrer.
188 Verstärken einer Holzverbindung mit Senkkopfschrauben.
189 Verwendung eines Drillschraubenziehers.

187

188

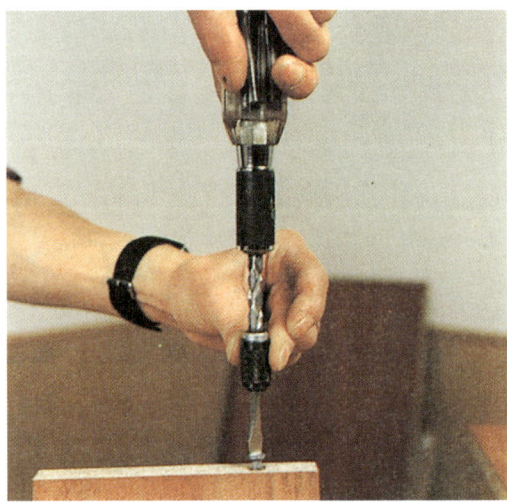

189

Holzstücken, für Gebälke beispielsweise, erfordert lange und dicke Schrauben (»Ankerschrauben« genannt) sowie Vierkantschrauben und Halbrundkopfschrauben mit viereckigem oder ausgefrästem Schraubenhals. Schrauben für normales Holz halten schlecht in Spanplatten. Spezialschrauben für Preßspanplatten haben die ganze Länge umfassende Gewinde, die besser greifen. Holzschrauben haben normalerweise einen Schlitzkopf, es gibt aber auch welche mit Kreuzschlitz (sog. »Spax«, der Schraubenzieher greift besser). Schrauben mit Abdeckung werden für Außenflächen verwendet: Die abgerundete Abdeckung ist durch einen kleinen Stiel mit Gewinde verlängert, der in ein Loch in der Mitte des Senkkopfs eindringt.

Vorbohren. Außer in weichen Hölzern praktisch unverzichtbar. Es soll die Schraube führen, aber auch ein Splittern des Holzes verhindern. Der Durchmesser des Vorlochs sollte halb so stark wie der der Schraube sein und die Länge zwei Drittel der Gewindelänge. Für kleine Schrauben und in weichem Holz wird das Vorbohren einfach mit der Vierkantspitze – ein Schlag mit dem Hammer auf den Griff genügt – oder mit Hilfe eines Nagelbohrers ausgeführt, der zudem noch das Gewinde anfängt. Mit der

Vierkantspitze beginnt man für fast alle kleinen Schrauben von Eisenwarenteilen.

Verwenden Sie für harte Hölzer einen Bohrer und die Bohrmaschine, ob Sie nun an der Schmal- oder an der Stirnseite schrauben. Wenn man zwei Teile zusammenfügt, muß man zwei Bohrer verwenden: den ersten mit einem größeren Durchmesser, damit die Schraube durch ein Durchgangsloch auf die Stirnfläche stößt, und den zweiten mit einem kleinen Durchmesser für das Vorbohren. Um ein zu häufiges Einsetzen und Herausnehmen der Bohrer zu vermeiden, ist es vorteilhaft, die Bohrungen nacheinander vorzunehmen, wenn man mehrere Schrauben anbringen muß.

Schrauben gewußt wie. Benutzen Sie einen Schraubenzieher, dessen spatelförmig abgeflachter Rundstahl dem Schraubenschlitz angepaßt ist, andernfalls werden Sie den Kopf kaputtmachen. Es ist nicht immer leicht, gerade zu schrauben, weil die Holzfasern die Spitze oft ablenken. Wenn möglich, halten Sie den Schraubenzieher in der Verlängerung des Unterarms.

Um das Schrauben in hartem Holz zu vereinfachen, tauchen Sie das Gewinde in Paraffin oder reiben Sie es einfach mit Seife ein. Wenn Sie viele Schrauben setzen müssen, verwenden Sie einen automatischen Schraubenzieher (Drillschraubendreher): Es genügt ein leichter Druck, um zu schrauben. Der tragbare elektrische Schrauber oder ein Aufsatz auf der Bohrmaschine, ein sog. »Bit«, erspart viel Zeit.

Wenn Sie an einer schwierigen Stelle schrauben und die Schraube nicht halten können, benutzen Sie Schraubenzieher mit Magnetspitzen oder füllen Sie den Schlitz der Schraube mit Leim, damit sie an der Spitze haftet.

Das Fräsen von Löchern, um die Schraube im Holz zu versenken, ist die Regel für Verbindungen in der Kunstschreinerei. Fräsen Sie so, daß der Schraubenkopf 2 bis 3 mm unterhalb des Niveaus der Außenseite liegt, damit der Kitt zum Verschließen hält. Wenn der Kopf zu nah an der Oberfläche ist, haftet der Kitt schlecht.

190 Verwendung eines Versenkstifts auf einer Bohrmaschine.

190

Weitere Verbindungs- möglichkeiten

Verbindungen sind der Kern des Schreinerhandwerks. Es gibt ganz einfache und komplizierteste, aber alle erfordern exaktes Anzeichnen und präzise Zuschnitte.

Eine Verbindung in der Schreinerei oder der Kunstschreinerei wird ausschließlich mit Hilfe von Säge, Hobel und Beitel ausgeführt. Tatsächlich benutzt man recht häufig die Raspel, um das Einpassen zu vollenden. Wichtig ist, daß die beiden Teile genau ineinanderpassen und daß kein Zwischenraum mehr da ist. Man fügt »auf starke Reibung« zusammen, das heißt, mit ein wenig Gewalt und, wenn nötig, mit Hilfe des Holzhammers. Ein zu dicker Zapfen jedoch übt Druck auf die Seitenwände des Zapfenlochs aus und wird schließlich das Holz sprengen. Das Einpassen erfordert also viel Fingerspitzengefühl. Wenn Sie ein Möbelstück oder ein anderes Objekt bauen wollen, das Verbindungen erfordert, die Sie noch nie gemacht haben, tun Sie gut daran, wenn Sie diese Verbindungen erst einmal mit Holzabfällen probieren; dadurch haben Sie die ausgezeichnete Übungsmöglichkeit, um in der Schreinerei sicherer zu werden.

Die wichtigsten Verbindungen werden nach der Art, in der die Teile angelegt sind, unterschieden: ungefalzte Verbindungen, Kantenverbindungen, Längsverbindungen und »Hirnholzverbindungen«.

Stumpfe Verbindungen

Man spricht von ungefalzten Verbindungen, wenn die beiden Teile flach, im allgemeinen in einem rechten Winkel, angeordnet werden. Das ist die klassische Schreinerverbindung für Tür- oder Fensterbalken. Auch wird sie weitgehend für Möbelgestelle verwendet.

Zapfen und Zapfenloch. Dies ist zweifellos die bekannteste Verbindung. Die quer durchgeschnittenen Teile stellen die Gleichen dar. Die Seiten des Zapfens müssen sich sehr genau den Rändern des Zapfenlochs einpassen; sie müssen also absolut rechtwinklig sein (man spricht von »geraden« Gleichen).

Zapfen und Zapfenloch sind in der Regel von einer Stärke, die zwei Dritteln des Werkstücks entspricht, aber sie kann leicht variieren, denn man muß sich auf die Breite des Lochbeitels stützen, den man für das Zapfenloch benutzt. Übertragen Sie nach dem Anreißen des Zapfens die Länge desselben auf das auszustemmende Werkstück (Abgrenzung des Zapfenlochs). Schneiden Sie den Zapfen aus, indem Sie immer ein bißchen »innerhalb« der angezeichneten Linie sägen. Sie können anschließend leicht mit dem Stechbeitel anpassen; die Verbindung aber muß mit dem Holzhammer gemacht werden.

Je nach angestrebter Endfertigung wird das Zapfenloch durchgängig oder blind sein. Sehr häufig werden die Verbindungen mit Zapfen und Zapfenloch durch eine Verdübelung gefestigt, die jede Bewegung verhindert. Es gibt folgende verbesserte Verbindungen dieses Typs:

● **Doppelter Zapfen und Zapfenloch:** Diese Verbindung gibt größere Festigkeit und empfiehlt sich für Querbalken großer Stärke. Die Holzstücke werden durch das Anreißen mit dem Streichmaß in fünf Teile eingeteilt.

Verbindung mit Zapfen und Zapfenloch:
193 Anreißen von Zapfen und Zapfenloch.
194 Ausstechen des Zapfenlochs mit dem Lochbeitel.
195 Zusammenbau nach dem Leimen.

193

194

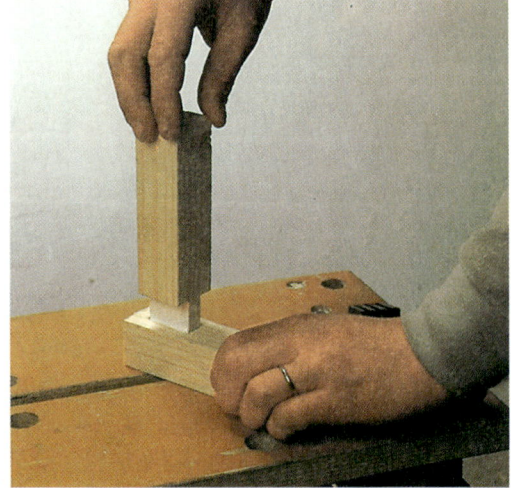

195

● **Halbverdeckter Zapfen:** Man kann zwei ausgestemmte Teile mit Hilfe eines kleinen, rechteckig zugeschnittenen Stück Holzes verbinden. Diese Verbindung wird verwendet, wenn zwei Werkstücke auf Gehrung geschnitten sind. Die Zapfenlöcher werden schräg in der Schmalseite geöffnet (meist sind sie dreieckig).

● **Überdeckte Gehrung:** Die Verbindung eignet sich für Rahmen, die eine schöne Ausarbeitung verlangen. Die Teile werden in ihrer Stärke in vier Teile unterteilt. Dreiviertel der Stärke werden zu einer klassischen Zapfen-Zapfenloch-Verbindung benutzt, jedoch wird das übrigbleibende Viertel bei jedem Stück in einen dreieckigen Zapfen auf Gehrung zugeschnitten (an der Außenseite).

Verbindung durch falschen Zapfen:
196 Einkerben der beiden auf Gehrung geschnittenen Teile mit der Säge.
197 Freimachen der Einkerbungen mit dem Stechbeitel.
198 Einfügen und Fixieren des falschen Zapfens durch Nägel.
199 Nachschneiden mit dem Fuchsschwanz.

196

197

198

199

200

201

Offene Zapfen-Schlitzverbindungen. Es handelt sich hierbei um eine Vereinfachung der Zapfen-Zapfenloch-Verbindung. Bei der gewöhnlichen Zapfen- und Schlitzverbindung wird ein Stück einfach nur zapfenförmig zugeschnitten und das andere Stück im Mittelteil ausgeschnitten. Es handelt sich also, wenn man so will, um ein am Ende des Stücks durchgehendes Zapfenloch. Das Einschneiden ist leichter zu realisieren als beim Zapfenloch, weil die Wangen mit der Säge ausgeschnitten werden können.

● **Doppelte offene Zapfen-Schlitzverbindung:** Mit zwei Zapfen und zwei Einkerbungen; es ist eine Vereinfachung der doppelten Zapfen-Zapfenloch-Verbindung.

● **Offene Zapfen-Schlitzverbindung in T-Form:** Das Querholz fügt sich nicht an die Außenkante des Pfostens, sondern in seine Mitte. Man nimmt also eine Einkerbung am äußeren Rand des Pfostens vor, indem man den mittleren Teil ausspart, und eine doppelte Einkerbung auf jeder Seite des Querholzes. Es handelt sich in gewissem Sinn

Verbindung durch doppelte offene Zapfen- und Schlitzverbindungen:
200 Ausstechen der Einkerbungen mit dem Stechbeitel.
201 Zusammenbau nach dem Leimen.
Verbindung durch T-förmige offene Zapfen- und Schlitzverbindungen:
202 Freimachen der Einkerbungen mit dem Stechbeitel.
203 Zusammenbau nach dem Leimen.

202

203

um einen Zapfen in der Mitte des Werkstücks.

● **Offene Zapfen-Schlitzverbindung mit
überdeckter Gehrung:** Das Prinzip ist das
gleiche wie bei Zapfen-Zapfenloch mit
überdeckter Gehrung, aber das Zapfenloch
ist offen.

Überblattung. Das ist die einfachste der
Verbindungen, und es genügt eine gewöhnliche Säge, um sie zuzuschneiden, zumin-
dest für die Verbindung am Ende. Nur verleimt, ist ihre Haltbarkeit sehr begrenzt, und
sie wird deshalb sehr oft durch Dübel,
Schrauben oder Schraubbolzen verstärkt.
In der Praxis wird diese Art von Verbindung
für viele Ausführungen benutzt, vor allem
für grobe Stücke. Bei der Überblattung entspricht die Länge des Einschnitts der Breite
des anderen Stücks.

● **Überblattung in T-Form:** Abkömmling der
vorher angeführten Verbindung. Bei der
Strebe wird dieses Mal die Einkerbung in
der Mitte vorgenommen; ihre Seiten werden mit der Säge geöffnet, dann wird sie
mit dem Stechbeitel ausgehöhlt. Diese Verbindung muß verstärkt werden, wie übrigens auch die kreuzförmige Überblattung,
für die die Auskerbung jedes Teils in der
Mitte liegt.

● **Überblattung in T-Form als Schwalbenschwanz:** Diese Verbindung ist von größerer Haltbarkeit gegenüber Spannungen auf
dem Querholz. Natürlich ist sie schwieriger anzureißen und herzustellen. Um den
Zapfen in Schwalbenschwanzform auszuschneiden, spannen Sie das Holzstück
schräg zwischen die Backen des Schraub-
stocks ein. Die schwalbenschwanzförmige
Einkerbung wird zunächst mit der Säge,
dann mit dem Stemmeisen ausgestemmt.
Die Einkerbung kann durchgängig sein,
was sehr häufig der Fall ist, oder blind,
wenn die Außenseite des Werkstücks die
dem Querholz gegenüberliegende Seite ist.
Eine Verstärkung durch Dübel ist nicht unbedingt notwendig.

● **Überblattung auf Gehrung:** Die beiden
Teile werden am Ende bis in die Hälfte auf

204

205

206

Verbindung durch Überblattung am Kopfende:
204 Aussägen bis zur Mitte des Holzes.
205 Leimen vor dem Zusammenbau.
**Verbindung durch Überblattung in Schwalben-
schwanzform:**
206 Aussägen des Schwalbenschwanzes.

Gehrung zugeschnitten. Da diese Verbindung nicht sehr fest ist, muß sie mit Drehzapfen oder Metalldübeln verstärkt werden. Anreißen und Aussägen müssen mit großer Präzision ausgeführt werden. Die Verwendung von Verbindungsdübeln aus Metall macht ein Durchbohren der Teile überflüssig, welches die Verbindung nur schwächen würde.

Kantenverbindungen

Bei dieser Verbindung, die man für Schubladen benutzt, werden die Teile auf die Kante gestellt und im rechten Winkel verbunden. Die bekannteste, die Schwalbenschwanzverbindung, ist sehr stabil.

Verbindung durch Überblattung auf Gehrung:
207 Aussägen der Gehrung.
208 Probeweiser Zusammenbau.
209 Fixieren der Verbindung nach dem Leimen mittels Metalldübeln.
210 Nachschneiden mit der Säge.

207

208

209

210

Offene Schwalbenschwänze. Schwalbenschwänze sind Zapfen in Trapezform, deren Name Bezug nimmt auf den Schwanz der Schwalbe. Bei dieser Art von Verbindungen sind die Schwalbenschwänze zahlreich und von kleinem Zuschnitt, was einen ausgezeichneten Halt gewährleistet. Das Anreißen ist etwas kompliziert. Rechnerisch erhält man den Winkel der Trapezbasis, indem man die Diagonale eines Rechtecks zieht, dessen Länge der fünffachen Breite entspricht (d. h. 78°). In der Praxis kann es sein, daß man den Winkel leicht verändern muß – je nach Stärke der Stücke und Anzahl der Schwalbenschwänze, die man auf der Schmalseite unterbringen kann. Am schnellsten reißt man mit einer Schmiege

Offene Schwalbenschwanzverbindung:
211 Aussägen der Schwalbenschwänze.
212 Freimachen der Einkerbungen mit dem Stechbeitel.
213 Anreißen durch Übertragen der Schwalbenschwänze.
214 Ausführung an dem Gegenstück.
Halbverdeckte Schwalbenschwanzverbindung:

211

212

213

214

an. Die Stärke der Schwalbenschwänze muß der des zweiten Stückes entsprechen. Die Seiten werden mit der Säge zugeschnitten und mit Hilfe des Stechbeitels ausgehöhlt.

● **Halbverdeckte Schwalbenschwänze (Zinken):** Diese Verbindung wird eher für Schubladen benutzt, damit die Verbindung nicht auf der Vorderseite des Möbelstücks sichtbar ist. Die Zinken sollten nicht länger als ein Drittel der Stärke der Außenseite sein. Die Ausführung des Gegenstücks erfordert einiges handwerkliches Können, denn es ist nicht möglich, die Säge zu benutzen: man arbeitet also ausschließlich mit dem Stemmeisen.

● **Verdeckte Zinken:** Weitere Verbesserung der Schwalbenschwanzverbindung, da die Verbindung von außen nicht sichtbar ist. Sie ist also für sehr erlesene Möbelstücke, für Schmuckkästchen usw. bestimmt. Die Zinken werden kürzer als die Stärken geschnitten. Der nicht eingekerbte Teil wird auf Gehrung geschnitten. Diese Verbindung ist schwierig herzustellen und erfordert sehr viel Erfahrung im Umgang mit dem Stemmeisen und ein gutes Beherrschen des Anreißens.

Fingerzinken. Diese viel zugänglichere Art der Verbindung kann weitgehend mit der Säge hergestellt werden, sind doch die Zinken an beiden Teilen nicht mehr trapezförmig, sondern quadratisch oder rechteckig. Ausgehöhlt wird mit dem Stechbeitel. Diese Verbindungen eignen sich sehr gut für Schubladen von Möbelstücken, die keine edle Verarbeitung verlangen. Vergessen Sie nicht, daß man immer ein Stück an der Außenseite der Schublade anbringen kann, das die Verbindung verdeckt. Man kann auch eine Verbindung mit verdeckten Fingerzinken herstellen.

215

216

215 Kürzen der Schwalbenschwänze des ersten Teils.
216 Anreißen durch Übertragen der Schwalbenschwänze.
217 Zusammenbau nach dem Leimen.
Verwenden einer Schablone für Fingerzinken:
218 Abbildung der Führung und ihres Zubehörs.
219 Verwendung der Führung und der Fräse für die erste Reihe von Fingerzinken.
220, 221, 222 Zentrieren und markieren.
223 Fräsen der Zinken des anderen Teils.

217

218

219

220

221

222

223

Verbindung durch Fingerzinken:
224 Aussägen der Fingerzinken.
225 Freimachen der Zinken mit dem Stechbeitel.
226 Verstärken der Verbindung durch Leim und Nägel.

224

225

● **Gefräste Fingerzinken:** Die Verwendung von tragbaren Elektrogeräten (Handfräsmaschine oder Bohrmaschine) vereinfacht die Herstellung dieser Verbindungen. Es gibt dafür, passend zur Bohrmaschine, Schablonen, die auf den Werkstücken befestigt werden. Sie bestehen aus einem Gitter und einem dazu passenden Fräskopf, welcher von einer Fräshalterung geführt wird (Triplex-Verfahren). Diese Art von Schablonen ermöglicht Ihnen ein schnelles Fräsen von halbverdeckten oder verdeckten Fingerzinken. Die einzige Schwierigkeit besteht darin, die Schablone auf den entsprechenden Teilen zu »zentrieren«. Mit ein bißchen Übung werden Sie sehr haltbare und sehr unauffällige Schubladenverbindungen herstellen.

● **Einfacher oder doppelter Falz:** Eher für grobe Werkstücke gedacht, besteht diese Verbindung darin, auf einem der beiden Teile einen Falz von der Breite der Schmalseite des zweiten Teils auszuschneiden. Am besten gelingt dies mit dem Falzhobel oder mit der Handfräsmaschine. Die verleimte Verbindung kann dann mit Nägeln verstärkt werden. Bei der Doppelfalz-Verbindung schneidet man in jedes der beiden Teile einen Falz, wobei jeder halb so stark ist wie das andere Stück.

● **Nut und Feder:** Die Schmalseiten eines Bretts werden auf der einen Seite über ihre ganze Länge als Feder ausgeformt und auf der anderen Seite genutet. Die Federn können dann in die Nuten geschoben werden. Das ist eigentlich die klassische Verbindung von Schubladenböden.

226

● **Falsche Zinken:** Als Abkömmling der Fingerzinken bietet diese Verbindung den Vorteil, daß die Anzeichnungen nicht übertragen werden müssen. Man kann, wenn man mit der Maschine arbeitet, die beiden Teile gemeinsam ausfräsen. Kleine angefügte Holzstücke, die man in die Einkerbungen klebt, sind dann die falschen Zinken.

Überblattung am Ende oder in T-Form. Verwendbar für starke und nicht zu hohe Stükke. Die Einkerbungen werden mit der Säge und für die Überblattung in T-Form mit dem Stechbeitel ausgehöhlt. Die Verbindung muß durch Schrauben verstärkt werden. Auch hierbei handelt es sich um eine eher grobe Ausführung.

227

Flachgelenk. Genau genommen ist dies keine Schreinerverbindung, denn die beiden Teile sind mit Hilfe von Verstärkungen verbunden, die Beschläge sein können (Stuhlwinkel oder Winkeltragstücke, auf die die beiden Teile genagelt werden). An der Schmalseite verbundene Preßspanteile sind meist auf diese Art verbunden, da es unmöglich ist, dort dünne Schwalbenschwänze auszuschneiden. Verstärkung ist aber auch durch Knotenbleche möglich, das heißt, dreieckige Plättchen, die oben und unten angenagelt werden. Die Verbindung von Regalbrettern mit Holzgestellen ist häufig mit verstärkten Flachgelenken ausgeführt; das ist eine an der Schmalseite T-förmige Verbindung. Man schneidet eine Nut in den Pfosten, um dort das Regalbrett einzusetzen. Die Verbindung mit verstärkten Flachgelenken ist häufig insoweit vorzuziehen, als man den Pfosten nicht »schwächt«, und es zudem möglich ist, das Regalbrett nach oben oder unten zu verschieben, indem man die Verstärkung verschiebt. Diese Regalverstärkungen sind häufig genagelte oder geschraubte Tragstücke. Besonders praktisch ist natürlich eine ganze Reihe von gebohrten Löchern, in die man lediglich kleine Metallstifte steckt. Dadurch ist ein schnelles Verstellen der Einlegeböden möglich.

228

229

Verbindung durch T-förmige Überblattung:
227, 228   Einkerben mit der Kreissäge.
229   Probeweiser Zusammenbau vor dem Leimen und Verstärken mit Schrauben.

230

231

Längskantenverbindungen

Die geläufigste Verbindung ist die von Paneelen oder Parkettstäben, das heißt, zweier flacher, Seite an Seite liegender Teile. Die Verbindung kann auch an der Schmalseite liegen, wenn die beiden Teile rechtwinklig sind. Man wendet diese Verbindung häufig an, besonders im Möbelbau, wenn es darum geht, zwei Sperrholz- oder Spanplatten zusammenzufügen, um einen Schreibtisch, einen Schrank, ein Küchenelement usw. zu bauen.

Nut und Feder. Die klassische Versatzung, mit Hilfe des Nuthobels ziemlich schwierig auszuführen, ist mit der Handfräsmaschine bzw. der Fräsmaschine (bei der kombinierten Maschine) oder selbst der Kreissäge leicht zu bewerkstelligen. Parkettstäbe und Paneele werden immer genutet verkauft, ebenso Verlegeplatten für Boden- oder Wandverkleidungen.
● **Manuelle Ausführung:** Man muß einen Nuthobel mit zwei entsprechenden Eisen benutzen. Das Stück Holz wird in den Schraubstock gespannt oder sogar in zwei, wenn es lang ist. Machen Sie einen genauen Anriß. Die Arbeit verlangt gewisse Erfahrung.

Verbindung durch Nut und Feder:
230 Der Nuthobel und eine fertige Arbeit.
231 Ausführung der Feder.
232 Ausführung der Nut.
233 Zusammenbau.

232

233

Maschinelle Versatzung:
234 Nuten mit der Kreissäge.
235 Ausführung der Feder.
236 Einstellen der seitlichen Führung eines feststehenden Frästisches.
237 Ausführung der Feder durch Fräsen.
238 Fräsen der Nut.

236

234

237

235

238

239

240

241

242

Versatzung mit der Fräsmaschine:
239   Wahl des Eisens für die Feder.
240   Nuteisen.
241   Arbeit mit der Fräsmaschine.
Versatzung mit der Handfräsmaschine:
242   Zubehör einer Handfräsmaschine.
243   Fräsen der Nut.

243

● **Maschinelle Ausführung:** Benutzen Sie für Ihre Handfräsmaschine einen Langlochfräser; die Schwierigkeit besteht darin, die Maschine in einer Ebene zu halten. Bedienen Sie sich der Führung, die sich auf die Außenseite des Teils stützt. Das Nuten mit der Kreissäge ist möglich, aber ein wirklich präzises Ergebnis erzielt man nur dann, wenn man die Säge auf ein Gestell montiert. Die Nut und die Falze auf jeder Seite der Feder werden in mehreren Gängen hergestellt, wobei es wichtig ist, die Schnittiefe entsprechend einzustellen. Absolut gerade Schnitte erzielt man mit der Führung. Die Verwendung der Schwingkreissäge ermöglicht es, die Nut mit einer Bahn und die Feder mit zweien herzustellen.

Bei der Fräsmaschine genügt es, entsprechende Fräsaufsätze zu verwenden, um schnell eine ganze Reihe herzustellen.

Die Versatzung durch Nut und Feder wird im allgemeinen an Ort und Stelle mit Hilfe von kleinen, schräg in die Nut versenkten Stiften befestigt (bei Parketten und Wandvertäfelungen).

● **Nut und Feder im Winkel:** Die Ausführung ist der vorher angeführten sehr ähnlich, aber hier wird die Nut in die Rückseite der waagrechten Holzplatte eingeschnitten. Das vertikale Stück erhält somit eine Feder. Diese Verbindung kann einfach geklebt oder mit Stuhlwinkeln verstärkt werden.

● **Fremdfeder:** Durch sie wird es möglich, zwei genutete Teile zusammenzufügen. Man spart Zeit, da eine Nut einfacher auszuführen ist als eine Feder. Diese Verbindung ist vor allem für Platten geeignet, die zu mürbe sind, als daß eine Feder haltbar wäre (vor allem bei Spanplatten).

Die Fremdfeder ist eine kleine Leiste, die doppelt so breit ist wie eine Nut tief ist. Verwenden Sie Leisten aus hartem Holz, um die Haltbarkeit zu erhöhen. Die Fremdfeder wird auch für Versatzungen im Winkel verwendet.

244

245

Verbindung durch eine falsche Feder:
244   Anreißen mit dem Streichmaß.
245   Nuten der beiden Teile mit dem Nuthobel.
246   Anbringen der falschen Feder und Zusammenbau.   246

247

248

Verzapfung im Winkel. Das ist die andere Art von Versatzung, die ebenfalls sehr verbreitet ist und zwar vor allem bei Holzwerkstoffen. Möbel aus Verbund- oder Spanplatten werden häufig auf diese Art zusammengebaut. Sie ist erstens eine bessere Ausarbeitung als das Nageln oder das Verschrauben und zweitens auch stabiler, da Nägel und Schrauben schlecht in Preßspan greifen. Die senkrechte Schmalseite der Platte muß dennoch breit genug sein. Diese Verbindung wird manchmal durch Leisten verstärkt, die in den Innenwinkel genagelt werden, oder durch Stuhlwinkel. Theoretisch ist sie nicht zerlegbar, da die Zapfen verleimt werden, aber man kann sie auseinanderbauen, wenn man mit einer Säge die Zapfen durchsägt.

Wenn es nicht stört, daß die Zapfen an der Außenseite des waagerechten Teils sichtbar sind, richten Sie die beiden Platten aus und durchbohren Sie beide Teile auf einmal.

Wenn die Zapfen versteckt sein sollen, was für Verbindungen von furnierten Platten gilt, bohren Sie zunächst in die Schmalseite und stecken Sie einen Markierungsstift in die Löcher, um die Markierungen auf dem anderen Stück vorzunehmen. So ein Stift ist manchmal in den Zapfenpäckchen mit da-

Verbindung durch eine unechte Feder:
247 Ausführung des Falzes mit einem Falzhobel.
248 Nuten mit dem Nuthobel.
249 Einbringen der Fremdfeder.
250 Zusammenbau nach dem Leimen.

249

250

bei. Wenn Sie keinen haben, wenden Sie die Markierungsmethode mit dem Nagel ohne Kopf an. Die gebohrten Löcher müssen etwas größer sein als die Zapfen, damit der Leim genug Platz hat.

Flachgelenk im Winkel. In diesem Fall werden die Platten einfach durch Schrauben oder Schraubbolzen mit Spreizdübeln verbunden.

Doppelter Falz. Die flach Seite an Seite angeordneten Platten werden hier mit zwei offenen Falzen an den aneinandergrenzenden Schmalseiten verbunden. Die Verbindung ist also einfacher als die Versatzung mit Nut und Feder und sie ist für ziemlich starke Stücke eher geeignet, damit danach eine Verstärkung durch Schrauben möglich ist. Diese Versatzung durch Verkleidung ist für einen groben Fußboden, der auf die Dielenbalken eines Speichers genagelt wird, gut geeignet.

Feststellen einer Zapfen-Zapfenloch-Verbindung. Wenn die Verbindung mit Zapfen und durchgehendem Zapfenloch gefestigt werden muß, verwenden Sie Winkeldübel, die Sie von der einen und der anderen Seite vom sichtbaren Ende des Zapfens in das Zapfenloch versenken. Manchmal ist es nötig, leicht mit dem Lochbeitel daraufzuhauen, damit die Winkel eingepaßt werden können. Versenken Sie sie mit dem Holzhammer und schneiden Sie sie mit der Zapfensäge ab. Am Schluß müssen Sie nur noch leicht mit dem Hobel darübergehen, damit die Schmalseite eine einheitliche Oberfläche bekommt.

Die Schablone zum Verzapfen. Verwenden Sie, um Zapfenlöcher schnell zu bohren, eine Metallschablone, die sich leicht durch Klammern auf dem Werkstück befestigen läßt. Die Schablone ermöglicht es, Löcher genau in der Mitte der zu bohrenden Schmalseite anzubringen; außerdem dient sie als Tiefenführung.

251

252

Verbindung durch Zapfen:
251 Ansatz der Markierung.
252 Zusammenbau von Spanplatten.
253 Zusammenbau eines Rahmens aus Sparren.

253

Verwendung einer Zapfenführung:
254   Die Führung und ihr Zubehör.
255   Bohren der Löcher an der Schmalseite.
256   Bohren der Löcher auf der Vorderfläche.
257, 258   Zusammenbau.

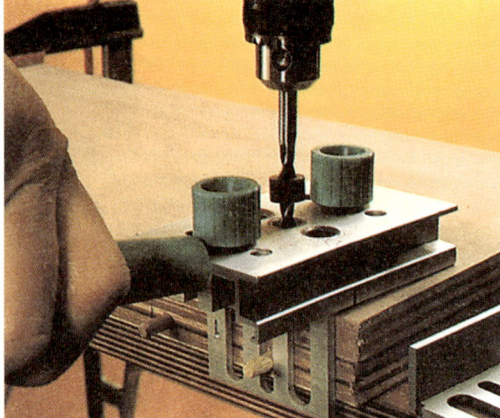

254

255

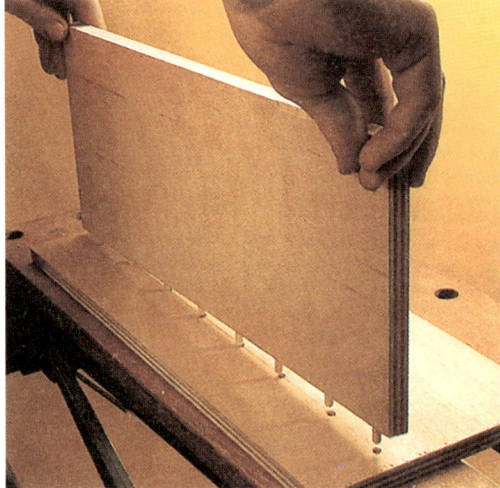

256

257

258

Verlängerungen

Diese seltenen Verbindungen haltbar herzustellen, ist sehr schwierig. Zwei aneinanderstoßende Teile (Hirnholz an Hirnholz) halten Belastungen nur sehr schlecht aus. Aneinanderstoßende Verbindungen sind für den Schreiner nicht nützlich, aber man muß sie dennoch kennen, und sei es nur, weil sie praktische Übungen darstellen, um die Arbeit mit dem Holz besser zu beherrschen.

Einfaches verzapftes Aneinanderstoßen. Das ist die mit Abstand einfachste Verbindung dieser Art, besteht sie doch darin, zwei Teile Stirn an Stirn mittels Zapfen zu verbinden. Man kann sich vorstellen, daß sie von keiner hervorragenden Haltbarkeit ist, aber sie kann sich bei Teilen, die keiner Belastung ausgesetzt sind oder von einer weiteren Verstärkung profitieren (Einrahmung einer dicken Platte beispielsweise) als nützlich erweisen. Im allgemeinen beginnt man damit, den Sitz der Zapfen mit Hilfe von abgezwickten Nägeln zu markieren. Verwenden Sie vorzugsweise geriffelte Zapfen, die eine bessere Verteilung des Leims ermöglichen.

260

Verbindung durch verzapftes Aneinanderstoßen:
259 Abzwicken der Markierungsstifte.
260 Markierung der Lage der Holzdübel.
261 Bohren mit Tiefenstop.
262 Zusammenbau nach dem Leimen der Zapfen.

261

259

262

263

264

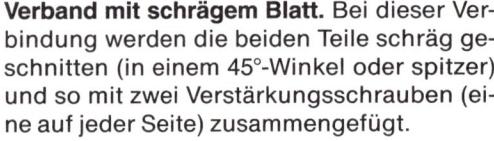

Verbindung mit doppeltem schrägem Blatt:
263   Sägen der angerissenen Teile.
264   Leimen vor dem Zusammenbau.

Verbindung mit schrägem Blatt und Keil:
265   Anreißen der Teile.
266   Sägen der Teile.

Verband mit schrägem Blatt. Bei dieser Verbindung werden die beiden Teile schräg geschnitten (in einem 45°-Winkel oder spitzer) und so mit zwei Verstärkungsschrauben (eine auf jeder Seite) zusammengefügt.

Verband mit doppeltem schrägen Blatt. Jedes Teil wird am Kopfende in zwei umgekehrte Schrägblätter geschnitten. Man erzielt eine gute Versteifung der Verbindung, aber es ist notwendig, sie mittels Dübeln oder Schrauben zu verstärken. Die Ausführung erfolgt ausschließlich mit der Säge; eine Korrektur der Stirnflächen mit dem Stechbeitel ist bisweilen dennoch erforderlich.

Verband mit schrägem Blatt und Keil. Man schneidet die beiden Teile schräg ab und höhlt ein dreieckiges Zapfenloch an jedem der Endstücke aus (gleichschenkliges oder rechtwinkliges Dreieck). Das ermöglicht, einen Keil, das heißt ein kleines viereckiges Stück Holz, zwischen die beiden Teile zu

265

266

setzen. Der Vorteil dieses Verbandes ist, daß die Verstärkung nicht zu sehen ist.

Eine Variante dieses Verbandes besteht darin, einen dreieckigen Zapfen aus einer Stirnseite auszuschneiden, um ihn in das Zapfenloch der anderen einzupassen.

Überblattung mit Schwalbenschwanz. Eine der besten Verbindungen, um Spannungen der Teile in Längsrichtung standzuhalten. Die Verbindung wird nur aus der halben Stärke herausgeschnitten. Man schneidet einen Zapfen in Schwalbenschwanzform in das eine, und eine Einkerbung derselben Form in das andere Werkstück.

267 Sägen des schrägen Blatts.
268 Freilegen des Zapfenlochs.

Schräger Blattstoß. Das ist die haltbarste Überblattung, aber auch die am schwierigsten herzustellende, wobei das schräge Hakenblatt eine geknickte Linie ist, die eine Selbstblockierung der Verbindung möglich macht (einfach nur verleimt und nicht verstärkt).

269 Leimen des Keils.
270 Verbindung durch schrägen Blattstoß.

267

269

268

270

Renovieren mit den Tricks eines Möbelschreiners

Wenn ein Schreinerwerkstück beschädigt ist, ist das nicht unbedingt ein Grund, es wegzugeben. In den meisten Fällen ist eine Restaurierung möglich und führt zu guten Ergebnissen, weil meistens das Holz selbst nicht unwiderruflich beschädigt ist.

Renovierung eines Möbeltürblatts

Untersuchen Sie die Tür sorgfältig, um die renovierbedürftigen Teile ausfindig zu machen. Es kommt manchmal vor, daß die untere Stegleiste des Rahmens kaputt oder stark beschädigt ist. In diesem Fall muß man sie gegen eine neue des gleichen Typs austauschen (die Rahmen alter Türen sind aus Eiche). Die Teile des Rahmens sind durch Zapfen und Zapfenlöcher (oft nicht durchgängige) mit einer Verstärkung durch Dübel verbunden. Meistens sind es die Verbindungen des Rahmens, die locker geworden sind. Kennzeichnen Sie die Lage der Dübel. Ersetzen Sie sie, wenn nötig. Richten Sie die Tür aus, indem Sie sie auf der Werkbank in die richtige Lage bringen. Bohren Sie nahe den alten neue Löcher für die Dübel. Verstopfen Sie die alten Löcher mit zurechtgeschnittenen Holzstückchen; wenn sie nicht bündig abschließen, ist es manchmal notwendig, Kitt zu verwenden. In manchen Fällen wird es genügen, die Verbindungen neu zu verleimen und sie mit einem Seil oder großen Schraubzwingen zusammenzudrücken.

272 Wiederverkleben einer Stegleiste.

273 Zusammenziehen mit einem Seil.

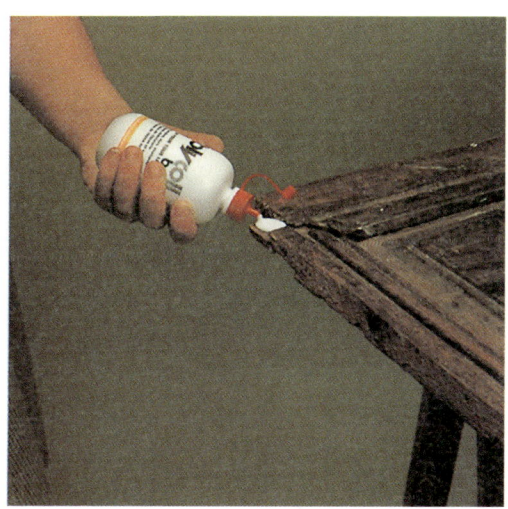

272

273

Renovierung eines kleinen Möbelstücks

Wenn Sie ein Beistelltischchen, einen Stuhl renovieren möchten, beginnen Sie mit dem Abbeizen, gleich, ob es sich nun um Wachs oder Lack handelt. Man stellt häufig fest, daß manche Verbindungen aus dem Leim gegangen sind. Bauen Sie das Möbelstück nicht völlig auseinander, da die Gefahr besteht, noch gut haltende Verbindungen ka-

puttzumachen. Fügen Sie aber Leim ein, indem Sie die defekten Verbindungen etwas auseinanderziehen, sie also »öffnen«. Pressen Sie die Verbindung fest zusammen. Verwenden Sie ein Seil oder eine Schraubzwinge mit Gurt für einen Stuhl. Ersetzen Sie im übrigen einen Stab oder einen Fuß des Stuhls, wenn er kaputt ist; reinigen Sie Eisenteile, falls vorhanden, beizen Sie sie ab und erneuern Sie den Oberflächenschutz.

274 **Zu restaurierendes Beistelltischchen.**
275 **Wiedereinleimen eines Beins.**

276 **Wiedereinleimen eines Eisenbeschlags.**
277 **Renovierung eines Beschlags.**

274

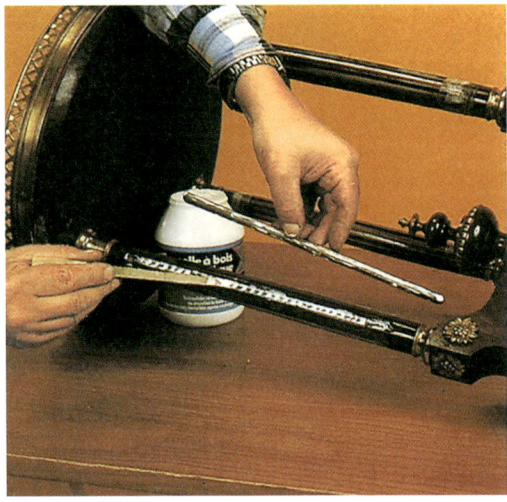

276

275

277

Beseitigung einer Blase in einem Furnier

Man kann bisweilen das Vorhandensein von Blasen in einem Furnier feststellen. Sie entstehen durch eine schlechte Entfettung, was eine Haftung verhindert hat, oder ganz einfach durch das Fehlen von Leim an dieser Stelle. Machen Sie mit dem Stechbeitel einen kleinen Einschnitt in die Blase (in Faserrichtung des Holzes). Durch diesen Einschnitt läßt sich zum Beispiel mit einer Spritze etwas Leim daruntergeben. Leimen Sie die Oberfläche anschließend mit Hilfe

eines Furnierhammers an. Am besten tun Sie etwas Paraffin darauf, um die Außenseite zu schützen. Befeuchten Sie das Holz leicht mit heißem Wasser, damit es seine Form wieder annimmt. Legen Sie dann, während der Leim trocknet, ein schweres Gewicht auf die Stelle.

Reinigung von gewachsten Möbeln

Brennspiritus, aufgetragen auf eine feine Stahlwolle, löst alle Wachse, die für Möbel benutzt werden, und die durch wiederholtes Auftragen von Möbelpolitur sehr ver-

278 Insektenbekämpfung durch Injektion.
279 Abbeizen des Holzes.

280 Nachspülen nach dem Abbeizen.
281 Beizen des Holzes.

278

280

279

281

schmutzt sind. In manchen Fällen ist die Wachsschicht so dick, daß man sie besser zuerst abkratzt. Wenn noch Flecken bleiben, die Sie nicht wegkriegen (stark verkrustete), können Sie mit einer Beize im Ton des verbleibenden Wachses über das ganze Möbelstück gehen. Wenn das Möbelstück zudem noch durch verschiedene Flecken beschmutzt ist, versuchen Sie eine Reinigung mit verdünntem Wasserstoffperoxid (es bleicht das Holz und erfordert also ein anschließendes Beizen).

Um lackierte Möbel zu renovieren, versuchen Sie es mit einfachem Auftragen von Möbelpolitur mit Hilfe eines sauberen Lappens. Der Lack nimmt dann im allgemeinen wieder seinen Glanz an.

Reinigung von Tintenflecken

Wenn der Fleck frisch ist, nehmen Sie einfach etwas heißes Wasser mit Zitronensaft und reiben Sie kräftig darüber. Handelt es sich um alte Flecken (auf einer Schreibtischplatte beispielsweise), muß man wirksamere Mittel nehmen: Versuchen Sie es mit verdünnter Schwefelsäure. Vorsicht beim Umgang mit der Säure, sie ist sehr gefährlich, vor allem für die Augen! Eine mehrfache Anwendung ist häufig notwendig. Wischen Sie anschließend großzügig mit klarem Wasser nach. In schweren Fällen ist die einzige Lösung, ein sehr scharfes Schabeisen zu benutzen. Anschließend muß abgeschliffen und eine Schicht Beize auf das ganze Möbelstück gestrichen werden.

Politur

Dieses Mittel ist für die Renovierung alter Möbel oder zum Aufhellen klassischer Lacke in vielfacher Weise von Nutzen. Es gibt Polituren unterschiedlicher Zusammensetzung. Sie sind fast immer auf der Basis von Alkohol, gemischt mit Lack, Leinöl usw. Die Politur muß vor Gebrauch kräftig geschüttelt werden. Reiben Sie das Mittel mit einem sauberen Wolltuch so lange über den alten Lack, bis dieser ein schönes Aussehen angenommen hat. Verteilen Sie nie die Politur

282   Vorbereitung eines Ballens.
283   Auftragen der Politur.
284   Polieren mit einem weichen Lappen.

282

283

284

direkt auf dem Lack, da er sich sonst lösen könnte. Begnügen Sie sich damit, mit einem getränkten Lappen darüberzureiben.

Was tun mit lockeren Schrauben?

Wenn eine Schraube nicht mehr hält, so liegt das daran, daß das Gewinde, das sie in die Holzfasern gedrückt hat, nachgegeben hat (man sagt, sie ist »überdreht«). Sie können sie durch eine längere Schraube ersetzen. Das ist aber nicht immer möglich angesichts der Stärke der Möbelstücke. Andere Lösung: Ziehen Sie die Schraube heraus und machen Sie mit der Bohrmaschine ein etwas größeres Loch. Füllen Sie Holzpaste hinein und bringen Sie die Schraube wieder an ihren Platz. Lassen Sie die Paste trocknen, die Schraube wird halten. Sie können sie dann noch ein- oder zweimal mit dem Schraubenzieher nachziehen, damit sie richtig sitzt. Wenn Sie möchten, daß eine Schraube nicht mehr herausschraubbar ist, klemmen Sie sie in den Schraubstock und gehen Sie leicht mit der Metallsäge darüber (mit feinem Sägeblatt), um den Schlitz ein wenig zu öffnen. Drehen Sie die Schraube dann ganz normal hinein und versenken Sie sie, um am Ende einen feinen Furnierstift in die Einkerbung des Schlitzes zu legen.

285   Auftragen von Möbelwachs.

Dank

Daß dieses Buch eine solche Themenvielfalt kompetent beschreiben kann, war nur möglich durch die Mitarbeit und Ratschläge von Fachleuten, aber auch der Firmen Black & Decker, Goldenberg, Sanvik, Lurem und Sader.
Ein besonderer Dank gilt Herrn Molitor, Mitarbeiter der OBI-Bau- und Heimwerkermarkt GmbH & Co. (Unterföhring/München) und vor allem der Firma Robert Bosch GmbH, Stuttgart, für die Bilder 44, 90, 93, 95, 96, 97, 98, 120 und 122.

Fachbegriffe

Abrichten: Vorgang, der darin besteht, ein Stück Holz gerade und eben zu machen.

Aneinanderstoßen: Verbindungsmethode, die darin besteht, zwei Werkstücke Hirnholz an Hirnholz, eins in der Verlängerung des anderen, aneinanderzufügen.

Anlegen: Anreißen der kodifizierten Zeichen auf den durch Anzeichnung (siehe dort) bestimmten Stücken, wodurch man sie leicht identifizieren kann.

Anzeichnung: Anreißen der verschiedenen Teile eines Möbelstücks oder eines Gegenstandes, die aus einer Platte, einem Brett oder einer Fläche zugeschnitten werden sollen.

Bohrwinde: Bohrwerkzeug in Form einer Kurbel, an dessen Ende ein Bohrfutter sitzt, das Bohrspitzen mit Vierkant- oder Rundschaft aufnimmt.

Doppelhobel: Großer Hobel mit leicht rund geschliffener Klinge, um die Werkstücke vor dem Hobeln grob abzuschleifen.

Falz: Einkerbung, die mit Hilfe eines Nuthobels in die Schmalseite eines Werkstücks gemacht wurde, um eine flache Verbindung zu ermöglichen.

Feder: Ausführung einer Schmalseite in ein Profil, um eine Verbindung mit einem genuteten Teil zu ermöglichen. Eine Fremdfeder ist eine dünne Holzleiste, die es ermöglicht, zwei genutete Stücke zu verbinden.

Flachgelenk: Verbindungsmethode, die darin besteht, zwei Stücke aus Holz durch Verstärkungen und Zubehörteile zu verbinden (Winkel, Tragstücke, Knotenbleche usw.).

Forstnerbohrer: Großer Bohrer zum Bohren von großen Löchern.

Fuchsschwanz: Säge mit trapezförmigem Blatt und an dessen breitestem Ende mit einem Griff versehen.

Furnier: Aufleimen eines Holzblattes auf eine Holzwerkstoffplatte. Man muß immer beidseitig furnieren, um eine gleichmäßige Spannung zu erzielen und ein Verformen des Holzes zu verhindern.

Hobelmaschine: Maschine mit rotierenden Klingen, die ein präzises Hobeln ermöglicht. Sie hat normalerweise einen Abhobeltisch, durch den ein Grobschliff des Werkstücks gewährleistet wird.

Hobeln: Vorgang, um die Stärke eines Werkstücks zu verringern, wenn man dessen Zurichtung angeht. Diese Arbeit wird manuell mit einer Rauhbank oder einem Putzhobel oder maschinell mit einer Abricht-/Hobelmaschine ausgeführt.

Hohlbeitel: Mit der Hand zu bedienendes Schneidwerkzeug, dessen Klinge an ihrer Schnittkante gebogen ist. Es gibt Hohlbeitel unterschiedlicher Größen.

Holzpaste: Synthetisches Material, das es ermöglicht, Mängel in der Oberfläche zu verstopfen, und das sich nach dem Trocknen wie Holz behandeln läßt.

Holzwerkstoff: Verschiedene Produkte, die man aus Massivholz gewinnt, um Platten herzustellen (Fasern, Späne, Sperrholz).

Knoten: Holzfehler, der die Ansatzstelle eines Astes im Stamm darstellt. Man spricht von nicht verwachsenen Knoten, wenn sie sich aus dem Stück lösen könnten.

Kunststoffbeschichtung: Platte aus Holzzelluloseblättern, die durch Melanin-Formolharze verbunden sind (auch als »Schichtplatte« bezeichnet).

Lagerzapfen: Hölzerner Rundstab geringen Querschnitts, um zwei Holzstücke zu verbinden oder zur Verstärkung der Verbindung. Es gibt völlig zugeschnittene Lagerzapfen, die in der Länge gerifft sind, um eine bessere Verteilung des Leims zu ermöglichen.

Lochbeitel: Mit der Hand zu bedienendes Stechwerkzeug mit kräftiger Klinge rechteckigen Querschnitts, im wesentlichen für das Aushöhlen von Zapfenlöchern verwendet. Es gibt Lochbeitel mit verschiedenen Querschnitten, entsprechend der Breite der auszustechenden Zapfenlöcher.

Nagelbohrer: Kleines manuelles Bohrwerkzeug mit spitzer spiralförmiger Bohrspitze zum Bohren von Vorlöchern.

Nut: Vertiefung, die eine Verbindung mit einem Werkstück mit Feder ermöglicht.

Nuthobel: Hobel mit Rahmen und sehr schmalem Eisen, wird verwendet zur Herstellung von Nuten und Federn.

Offene Zapfen-Schlitzverbindung: Verbindungsmethode, die darin besteht, Ausschnitte so auszuformen, daß die Teile ineinandergreifen können.

Platte: Dünnes, aber großes Stück, in der Regel aus einem Holzstoff (Faser, Späne, Sperrholz).

Politur: Mittel zum Renovieren traditioneller Lacke.

Porenfüllstoff: Mittel, das zum Füllen von Holzporen verwendet wird, um dessen Oberfläche auf einen Farbanstrich oder eine Lackierung vorzubereiten.

Putzhobel: Werkzeug zum Abhobeln, bestehend aus Gestell, Eisen und Gegeneisen, mit dem sich Holzspäne parallel zur Außenseite abheben lassen. Mit dem Putzhobel kann man gleichzeitig die Dicke eines Werkstücks verringern und es eben und glatt machen.

Raspel: Werkzeug zum rauhen Behobeln, bestehend aus einer flachen, halbrunden oder runden Klinge mit Erhebungen, die das Abschleifen des Holzes ermöglichen.

Rauhbank: Hobel mit sehr langem Gestell, mit dem sich grob abhobeln läßt.

Rauhes Hobeln: Bezeichnung für alle Werkzeuge, die dazu dienen, die Stärke des Holzes zu verringern (Hobel, Raspel usw.).

Säge: Werkzeug oder Maschine, mit der sich Holz schneiden läßt. Man unterscheidet die Handsägen nach der Form des Sägeblatts und der Bezahnung, aber auch nach dem Gestell und dem Griff. Die Maschinen werden unterteilt in Stich-, Kreis- und Bandsägen.

Sandpapier: siehe Schleifmittel.

Schleifen: Technik, durch die sich mittels Schmirgel- oder Sandpapier die Stärke eines Werkstücks verringern und seine Oberfläche glätten läßt.

Schleifmittel: Sehr hartes, pulverisiertes und auf eine Unterlage (in der Regel Papier) geklebtes Material zum Abschleifen. Der Schreiner verwendet Sandpapier mit größerer oder kleinerer Körnung (je höher die Nummer, desto feiner das Korn).

Sorte: Bezeichnung für die Eigenschaft des Holzes, die sich aus Baumart oder unterschiedlichen Spielarten ergibt.

Spaltware: Dünnes Stück Holz.

Stabplatte: Sperrholz aus zwei Blättern, die Holzklötzchen einschließen.

Stemmeisen: Mit der Hand zu bedienendes Werkzeug mit flacher Klinge, für alle Einkerbungen bestimmt. Es gibt Stechbeitel in unterschiedlichen Breiten.

Streichmaß: Anreißwerkzeug, mit dem man parallel zu einer Kante präzis anreißen kann.

Überblattung: Verbindungsmethode, um zwei Teile zusammenzufügen, die beide bis in die Hälfte ihrer Stärke eingeschnitten sind.

Verbindungsglied: Verbindungszubehör, hauptsächlich für den Möbelbau verwendet.

Versatzung: Verbindungsmethode durch männlichen und weiblichen Teil, deren klassisches Muster die Nut und Feder ist.

Verzogen: sagt man von einem Stück Holz, das gearbeitet und sich daher verformt hat; seine Seiten sind nicht mehr parallel.

Zapfen: Einkerbungen am Ende des Werkstücks, dazu bestimmt, in ein Zapfenloch eingeführt zu werden.

Zapfenloch: Einkerbung in einem Stück Holz, um einen Zapfen aufzunehmen. Man spricht von blindem Zapfenloch, wenn diese Einkerbung nicht durchgängig ist. Man verwendet einen Lochbeitel oder eine Maschine (Zapfenlochmaschine), um es herzustellen.

Zuschnitt: Das Aussägen von Stücken aus einer Scheibe, einem Brett oder einer Platte mit größeren Seiten als die, die sie schließlich haben werden.

Register

Im Bechtermünz Verlag ist außerdem erschienen:

Bern Grützmacher
Mein Haus aus Holz

ISBN 3-8289-2349-6
Best.-Nr. 461 699
21,0 x 28,0 cm
160 Seiten
29,90 DM

Holzhäuser haben eine lange Tradition und liegen auch heute voll im Trend: Ob Einfamilien- oder Niedrig-Energie-Haus, sie sind aus lebendigem Material, erlauben eine individuellere Architektur und naturverträgliches Bauen. Wie Sie Ihr eigenes Holz-Traumhaus bauen können, zeigt dieses Buch.